Kurt Guth / Marcus Mery

Ausgabe 2009

Der Eignungstest / Einstellungstest zur Ausbildung zum Industriekaufmann / zur Industriekauffrau

Mit den Prüfungsfragen sicher durch den Einstellungstest

Kurt Guth / Marcus Mery

Ausgabe 2009

Der Eignungstest / Einstellungstest zur Ausbildung zum Industriekaufmann / zur Industriekauffrau

Mit den Prüfungsfragen sicher durch den Einstellungstest

Kurt Guth / Marcus Mery
Ausgabe 2009
Der Eignungstest / Einstellungstest
zur Ausbildung zum Industriekaufmann /
zur Industriekauffrau
Mit den Prüfungsfragen sicher durch
den Einstellungstest

1. Auflage

Herausgeber: Ausbildungspark Verlag,
Marcus Mery, Offenbach, 2009.

Umschlaggestaltung: bitpublishing,
Schwalbach

Bildnachweis: Archiv des Verlages
Illustrationen: Renate Robu
Grafiken: bitpublishing
Lektorat: Virginia Kretzer

Bibliografische Information der Deutschen Bibliothek –
Die Deutsche Bibliothek verzeichnet diese Publikation in der Deutschen Nationalbibliografie; detaillierte bibliografische Daten sind im Internet über http://dnb.ddb.de abrufbar.

Gedruckt auf chlorfrei gebleichtem Papier

© 2009 Ausbildungspark Verlag
Lübecker Straße 4, 63073 Offenbach
Printed in Germany

Satz: bitpublishing, Schwalbach
Druck: Ausbildungspark Verlag, Offenbach

ISBN 978-3-941356-32-0

Das Werk, einschließlich aller seiner Teile, ist urheberrechtlich geschützt. Jede Verwertung außerhalb der engen Grenzen des Urheberrechtsgesetzes ist ohne Zustimmung des Verlages unzulässig und strafbar. Das gilt insbesondere für Vervielfältigungen, Übersetzungen, Mikroverfilmungen und die Einspeicherung und Verarbeitung in elektronischen Systemen.

Inhaltsverzeichnis

Vorwort **10**

Einführung **12**
    Ausbildung gestern und heute 12
    Worauf Sie bei Ihrer Bewerbung achten sollten 13
    Gründe für den Einsatz von Eignungstests und deren Aussagekraft 13
    Aufbau und Form des Eignungstests 15
    Spezielle Inhalte des Eignungstests zum Industriekaufmann /
    zur Industriekauffrau 15
    Bedeutung der Bearbeitungshinweise bei Einstellungstests und
    die richtige Vorgehensweise 19
    Durch gezieltes Training mit diesem Buch die
    Prüfungssituation bestehen 20
    Bearbeitungshinweis für dieses Buch 20

Prüfung 1 .... **22**
    Aufsatz 22
    Allgemeinwissen: 1 – 20 24
        Verschiedene Themen 24
        Fachbezogene Themen 28
    Mathematikteil: 21 – 60 33
        Prozentrechnen 33
        Gemischte Aufgaben 1 36
        Gemischte Aufgaben 2 41
        Gemischte Aufgaben 3 44
        Gemischte Aufgaben 4 47
        Gemischte Aufgaben 5 50
    Logisches Denken: 61 – 70 55
        Zahlenreihen 55
    Sprachverständnis: 71 – 80 59
        Gegenteilige Begriffe 59
        Fremdwörter 60
    Logisches Denkvermögen: 81 – 90 61
        Sprachanalogien 61
    Sprachverständnis: 91 – 105 65
        Rechtschreibung 65
        Englisch 68

Visuelles Denkvermögen: 106 – 110 71
    Gemischte Aufgaben 71
Lösungsbogen zur Prüfung 1 76

Prüfung 2 78
Allgemeinwissen: 1 – 20 78
    Verschiedene Themen 78
    Fachbezogene Themen 83
Mathematik: 21 – 65 88
    Zinsrechnen 88
    Prozentrechnen 91
    Gemischte Aufgaben 1 94
    Gemischte Aufgaben 2 100
    Gemischte Aufgaben 3 105
    Gemischte Aufgaben 4 108
Logisches Denken: 66 – 75 113
    Zahlenreihen 113
Sprachverständnis: 76 – 85 117
    Gegenteilige Begriffe 117
    Sinnverwandte Begriffe 118
Logisches Denkvermögen: 86 – 90 119
    Sprachanalogien 119
Sprachverständnis: 91 – 105 121
    Rechtschreibung 121
    Englisch 124
Visuelles Denkvermögen: 106 – 110 127
    Gemischte Aufgaben 127
Lösungsbogen zur Prüfung 2 132

Prüfung 3 134
Allgemeinwissen: 1 – 20 134
    Verschiedene Themen 134
    Fachbezogene Themen 138
Mathematik: 21 – 65 143
    Zinsrechnen 143
    Prozentrechnen 146
    Gemischte Aufgaben 1 149
    Gemischte Aufgaben 2 155
    Gemischte Aufgaben 3 158
    Gemischte Aufgaben 4 163
    Gemischte Aufgaben 5 166

Logisches Denken: 66 – 75 170
   Zahlenreihen 170
Sprachverständnis: 76 – 85 175
   Fremdwörter 175
   Gegenteilige Begriffe 176
Logisches Denkvermögen: 86 – 90 177
   Sprachanalogien 177
Sprachverständnis: 91 – 105 179
   Rechtschreibung 179
   Englisch 182
Visuelles Denkvermögen: 106 – 110 185
   Gemischte Aufgaben 185
Lösungsbogen zur Prüfung 3 190

Prüfung 4 192

Allgemeinwissen: 1 – 20 192
   Verschiedene Themen 192
   Fachbezogene Themen 197
Mathematik: 21 – 65 202
   Zinsrechnen 202
   Prozentrechnen 205
   Gemischte Aufgaben 1 208
   Gemischte Aufgaben 2 211
   Gemischte Aufgaben 3 214
   Gemischte Aufgaben 4 217
   Gemischte Aufgaben 5 220
   Gemischte Aufgaben 6 226
Logisches Denken: 66 – 75 229
   Zahlenreihen 229
Sprachverständnis: 76 – 85 233
   Fremdwörter 233
   Gegenteilige Begriffe 234
Logisches Denkvermögen: 86 – 90 235
   Sprachanalogien 235
Sprachverständnis: 91 – 105 237
   Rechtschreibung 237
   Englisch 240
Visuelles Denkvermögen: 106 – 110 243
   Gemischte Aufgaben 243
Lösungsbogen zur Prüfung 4 248

Prüfung 5 .... **250**
    Allgemeinwissen: 1 – 20 250
        Verschiedene Themen 250
        Fachbezogene Themen 255
    Mathematik: 21 – 65 260
        Zinsrechnen 260
        Prozentrechnen 263
        Gemischte Aufgaben 1 266
        Gemischte Aufgaben 2 270
        Gemischte Aufgaben 3 274
        Gemischte Aufgaben 4 279
        Gemischte Aufgaben 5 282
        Gemischte Aufgaben 6 285
    Logisches Denken: 66 – 75 288
        Zahlenreihen 288
    Sprachverständnis: 76 – 85 292
        Fremdwörter 292
        Sinnverwandte Begriffe 293
    Logisches Denkvermögen: 86 – 90 294
        Sprachanalogien 294
    Sprachverständnis: 91 – 105 296
        Rechtschreibung 296
        Englisch 299
    Visuelles Denkvermögen: 96 – 100 302
        Gemischte Aufgaben 302
    Lösungsbogen zur Prüfung 5 307

Anhang **309**
    Lösungen 310
    Abkürzungsverzeichnis 312

Vorwort

Diese Bücherreihe wendet sich an Personen, die sich auf den Einstellungstest zur Aufnahmeprüfung für den Industriekaufmann/-kauffrau vorbereiten möchten.

Sie bietet eine Zusammenfassung des für den Einstellungstest geforderten Wissens.

Viele Ausbildungsplatzanwärter unterschätzen das Lernpensum oder verfehlen den Lernstoff, der zur Prüfungsvorbereitung zu leisten ist. Doch ist das Durcharbeiten der Prüfungen der letzten Jahre ein Muss für jeden, der sich auf den Eignungstest für den Industriekaufmann/-kauffrau vorbereitet. So erkennen Sie, ob Ihr Kenntnisstand den Prüfungsanforderungen entspricht. Zudem lassen sich böse Überraschungen vermeiden, da fast alle aktuellen Prüfungsfragen so oder in ähnlicher Form schon einmal gestellt wurden.

Diese Prüfungsmappe ...

- bereitet Sie speziell auf den Eignungstest zum Industriekaufmann/-kauffrau vor.
- enthält fünf Prüfungen als Musterprüfungsbögen.
- enthält ein Begleitbuch mit kommentierten Lösungen.
- bietet Ihnen eine bestmögliche Prüfungssimulation.
- will Ihnen die Prüfungsangst nehmen – denn das beste Mittel gegen Prüfungsstress und Unsicherheit sind ein fundiertes Wissen durch eine gezielte Vorbereitung.
- frischt Ihr prüfungsrelevantes Schulwissen auf.
- vermittelt Ihnen das notwendige Wissen und möbelt Ihre Allgemeinbildung auf.
- steht für eine Prüfung ohne böse Überraschungen.

Viele weitere Prüfungsfragen und Informationen finden Sie auf unserer Homepage unter www.ausbildungspark.com und in unseren bald erscheinenden weiteren Publikationen zum Thema Ausbildungsplatzbewerbung.

Viel Erfolg bei der Prüfung wünscht

Ihr Ausbildungspark-Team

Kontakt

Ausbildungspark Verlag
Kundenbetreuung
Lübecker Straße 4
63073 Offenbach

Telefon 069-40 56 49 73
Telefax 069-43 05 86 02
E-Mail: kontakt@ausbildungspark.com
Internet: www.ausbildungspark.com

Einführung

Einführung

Ausbildung gestern und heute

Die Globalisierung und Europäisierung bietet den heutigen Schulabgängern neben großen Chancen auch entsprechende Risiken und Herausforderungen. Wo einstmals der Ausbildungsplatz vor der Haustüre als sicher galt, werden heute von Auszubildenden und Bewerbern Mobilität und Flexibilität erwartet.

Aufgrund der Beschleunigung und Flexibilisierung der Arbeitswelt planen viele Unternehmen ihre personelle Entwicklung nur kurz- und mittelfristig. Sichere und langfristige Arbeitsplätze werden selten. So ist die eigene Qualifikation zur Sicherung des bestehenden oder für die Bewerbung auf einen zukünftigen Arbeitsplatz von existenzieller Bedeutung.

Um in einem solchen Umfeld zu bestehen, sollte es Ziel eines jeden Auszubildenden sein, eine gut qualifizierte Arbeitskraft zu werden. Dies bedarf einer guten Vorbereitung auf die Ausbildung und Bewerbung und eines langen Atems während der Ausbildung.

Der Auszubildende von heute wird durch die knappe Personaldecke der Unternehmen wie ein vollwertiges Mitglied der Mannschaft behandelt. Ein Sonderstatus als Auszubildender ist überholt. Nach kurzer Einarbeitungszeit in die jeweilige Abteilung wird vom Auszubildenden ein fast eigenständiges Arbeiten und vollständiger Einsatz erwartet.

Doch vor dem zweiten Schritt sollte der erste gemacht sein. Die Konzentration und Ausrichtung dieses Buches legt den Schwerpunkt auf die Vorbereitung und das sichere Bestehen des schriftlichen Einstellungstestes für das Berufsbild des Industriekaufmanns / der Industriekauffrau. Nach der konzentrierten Durcharbeitung dieses Buches sollte die Einstellungsprozedur sicher zu meistern sein. Als leitender Angestellter und ehemaliger Auszubildender haben wir unsere ganze Erfahrung in dieses Buch gelegt und sind davon überzeugt, dass der Inhalt jeden Bewerber, der den nötigen Einsatz und Fleiß mitbringt, sicher durch den Eignungstest für Auszubildende zum Industriekaufmann / zur Industriekauffrau führt.

Die Ziele dieses Buches sind:
- Sie speziell auf den Eignungstest zum Industriekaufmann/-kauffrau vorzubereiten.
- Die Prüfungssituation zu simulieren.
- Ihnen die Prüfungsangst zu nehmen – denn das beste Mittel gegen Prüfungsstress und Unsicherheit sind ein fundiertes Wissen durch eine gezielte Vorbereitung.

- Ihr Schulwissen aufzufrischen.
- Ihnen das notwendige Wissen zu vermitteln und Ihre Allgemeinbildung aufzumöbeln.

Das Besondere an diesem Werk ist, dass es speziell für den Ausbildungsberuf, für den Sie sich bewerben möchten oder schon beworben haben, geschrieben wurde. So müssen Sie sich nicht mit zahlreichen Tests auseinandersetzen, die den Eignungstests des/der Industriekaufmanns/-kauffrau nicht entsprechen. Sie finden in diesem Buch viele originale Prüfungsfragen der letzten Jahre aus den Prüfungen renommierter Unternehmen.

Worauf Sie bei Ihrer Bewerbung achten sollten

Das Erste, was ein Unternehmen von Ihnen erhält, ist Ihre Bewerbung mit Lebenslauf, Zeugnissen und diversen Zertifikaten. Ihr Schulabschluss, Ihre Noten, eventuelle Bemerkungen im Zeugnis zu Fehlzeiten und Verhalten liefern dem Unternehmen erste wichtige Informationen über Sie. Bereits beim Bewerbungsschreiben und Lebenslauf sind eine Reihe bedeutender Punkte zu beachten. Unordentliche und unvollständige Unterlagen, mit einem schlecht formulierten Anschreiben und Lebenslauf führen in der Regel zu einer direkten Absage. Auf dieses Thema können wir hier nicht eingehen, da dies den Rahmen dieses Buches sprengen würde.

Nach Durchsicht der Bewerbungsunterlagen werden von den Unternehmen einige Bewerber mit ansprechendem Profil zum schriftlichen Eignungstest eingeladen – andere erhalten gleich eine schriftliche Absage. Die Aufmerksamkeit dieses Buches liegt auf diesem schriftlichen Eignungstest.

Grundsätzlich lassen sich folgende Testtypen unterscheiden:
- Persönlichkeitstest
- Kreativitätstest
- Leistungs-Konzentrations-Tests
- Intelligenztest
- Assessment-Center-Test

Der schriftliche Eignungstest zum Industriekaufmann ist in der Regel eine Mischung aus einem Leistungs-Konzentrations-Tests und einem Intelligenztest.

Gründe für den Einsatz von Eignungstests und deren Aussagekraft

Bei der Vielzahl an Bewerbungen bleibt es den Unternehmen nicht erspart, ein Instrument einzusetzen, um passende Bewerber von ungeeigneten zu unterscheiden. Letztendlich geht das Unternehmen mit Ihnen eine langjährige Bindung ein und möchte daher die bestmöglichen Bewerber einstellen.

Das sollen Eignungstests leisten:
- Prüfung des allgemeinen Kenntnisstands
- Analyse der Belastbarkeit und Leistungsfähigkeit
- Jedes Unternehmen kann die für sie wichtigsten Kenntnisse aufdecken
- Eine Herstellung der Vergleichbarkeit von Bewerbern – dies kann durch Schulnoten nur unzureichend geleistet werden
- Der Test soll Objektivität gewährleisten und richtet sich somit gegen Parteinahme und Bevorzugung aufgrund von Kontakten
- Das Unternehmen gibt sich modern und wissenschaftlich
- Der Test kann dem Bewerber sogar die Möglichkeit erbringen, schlechte Schulnoten zu kompensieren

Doch gibt es auch kritische Positionen, die Eignungstests ungeeignet zur Ermittlung der Befähigung eines Bewerbers halten. Zum einen ist eine solche Prüfung nur eine Momentaufnahme – jeder Bewerber kann einen schlechten Tag erwischen und z.B. aufgrund von Kopfschmerzen die Aufgaben schlechter lösen. Soziale Kompetenz und emotionale Intelligenz kämen dabei nicht zum Zuge. Zudem stellt sich die Frage, warum Führungskräfte vor ihrer Einstellung nicht solchen Tests ausgesetzt sind, wenn sie so gut sein sollen. Zum anderen hat die Praxis gezeigt, dass die Vorhersagbarkeit vom Testerfolg zum beruflichen Erfolg nicht gegeben ist. Bewerber mit einem sehr guten Testergebnis können in der Praxis durchaus schlechter abschließen als Bewerber mit schlechten Testergebnissen. Das Resultat des schriftlichen Eignungstests steht in keinem Verhältnis zur späteren Abschlussprüfung zum Industriekaufmann/-frau. Die besten Ergebnisse in Abschlussprüfungen werden von Auszubildenden erzielt, die bewusst und ehrgeizig ihr Ziel verfolgen und den Schulstoff in ihrer Freizeit nacharbeiten. Ausnahmen, die ohne großen Aufwand ein Ergebnis mit Bravour erlangen, sind selten. So sollten Sie sich im Umkehrschluss auch nicht, wenn Sie durch einen schriftlichen Eignungstest fallen, entmutigen lassen, an Ihrem Berufswunsch festzuhalten. Das sagt noch nichts über Ihre wirkliche Eignung für diesen Beruf aus.

Fakt ist aber, dass die Unternehmen dieses Instrument einsetzen, um ihre Bewerber auf eine Berufseignung zu überprüfen. Wenn Sie Industriekaufmann/-kauffrau werden möchten, können Sie sich nicht davor drücken, den Eignungstest vernünftig zu bestehen. Mit diesem Buch haben Sie die Möglichkeit, sich optimal darauf vorzubereiten. Nutzen Sie die Zeit sinnvoll und arbeiten Sie es konzentriert durch. Während der Prüfung werden Sie über Ihre Vorarbeit glücklich sein. Und mit ein wenig Glück und Verstand können Sie den Test ordentlich bestehen.

Aufbau und Form des Eignungstests

In den seltensten Fällen werden Bewerber nach Einreichung ihrer Unterlagen ohne einen Eignungstest zum persönlichen Vorstellungsgespräch eingeladen. Unternehmen erhalten durch Ihre Unterlagen noch keine Informationen über Ihre Fähigkeiten, Kenntnisse und Fertigkeiten. Die Ausbildung baut auf Fertigkeiten und Kenntnissen auf, die bereits in der Schule vermittelt wurden, worüber Ihre Unterlagen sicherlich die ersten Informationen liefern. Doch in der Praxis geben sich große Unternehmen nicht damit zufrieden. Die Maßstäbe, die Lehrer bei der Notenvergabe einsetzen, sind einfach zu unterschiedlich. Mit dem schriftlichen Eignungstest möchten Unternehmen vorerst die Eignung eines Bewerbers für das eigene Unternehmen prüfen, indem solide Sachkenntnisse abgefragt werden. Hierbei geht es um Wissen, das Sie sich im Laufe der Zeit in der Schule, durch die Medien und Ihr gesellschaftliches Umfeld erworben haben. Es werden schulähnliche Inhalte wie Mathematik, Deutschkenntnisse und Allgemeinwissen überprüft. Darüber hinaus werden vor allem Intelligenztests zum Erfassen der geistigen Fähigkeiten eingesetzt. Mit Intelligenztests beabsichtigt man Fähigkeiten zu überprüfen, die in der Schule so nicht direkt vermittelt werden, wie zum Beispiel das Vermögen zu logischem Denken. Sie werden in den Eignungstests auf einige Fragen stoßen, die Sie nicht beantworten können. Doch haben Sie deshalb keine Angst. Zum einen besteht nicht die Erwartung, dass Sie alle Fragen beantworten können, zum anderen haben Sie mit diesem Buch die besten Voraussetzungen, sich optimal auf diesen Test vorzubereiten. Im Weiteren ist zu beachten, dass die Tests regelmäßig aktualisiert werden, damit neue politische, wirtschaftliche und rechtliche Veränderungen berücksichtigt werden und das Risiko verkleinert wird, dass den Testpersonen die Tests völlig bekannt sind.

Spezielle Inhalte des Eignungstests zum Industriekaufmann / zur Industriekauffrau

a. Begrüßung und Einführung

Nachdem alle Bewerber zum Eignungstest erschienen sind, wird der Prüfer Sie begrüßen, sich kurz vorstellen und zur Erläuterung des Tests übergehen. Bei der Erläuterung sollten Sie genau zuhören. Der Prüfer teilt Ihnen wichtige Einzelheiten zum Test mit, die zu beachten sind. Er informiert Sie über die Hilfsmittel, die verwendet werden dürfen. In der Regel ist ein Taschenrechner erlaubt und Papier und Schreibgeräte bekommen Sie zur Verfügung gestellt. Da es manchmal vorkommt, dass der Test ohne Taschenrechner zu bearbeiten ist, haben wir auch hierzu eine entsprechende Musterprüfung zusammengestellt, die vereinfachte Rechenaufgaben enthält. Der Prüfer wird Sie darüber informieren, wie viel Zeit Sie für die Aufgaben haben und wie der Test durchgearbeitet werden muss. In der Regel haben Sie eine feste Zeitvorgabe zur Bewältigung aller Aufgaben. D.h. Sie können innerhalb dieser Zeit beliebig oft in der Bearbeitung zwischen den einzelnen Aufgabenbereichen wechseln. Es kommt aber auch vor, dass der Prüfer Sie durch den Test begleitet und Ihnen genau sagt, wann Sie mit einem Aufgabenteil anfangen dürfen und wann dieser Aufgabenteil beendet werden muss. Sie dürfen dann nicht zu den bereits durchgearbeiteten Aufgaben außerhalb des aktuell bearbeiteten Aufgabenbereiches umblättern. Das Zurückblättern ist in diesem Fall nur innerhalb der aktuellen Aufgabengruppe möglich. Halten Sie sich bitte strikt an diese Anweisung. Andernfalls könnten Sie vom Test ausgeschlossen werden.

b. Der „Aufsatz"

Viele Tests für Auszubildende zum Industriekaufmann/-kauffrau werden mit einem kurzen Aufsatz von 10 Minuten begonnen. In diesem Teil des Tests werden Sie häufig dazu aufgefordert, Ihre Motivationsgründe oder Fähigkeiten zur Berufswahl zu schildern. Das Unternehmen möchte wissen, weshalb Sie denken, der geeignete Kandidat zu sein. Was hat Sie dazu bewegt, sich für diesen Beruf zu entscheiden, wieso bewerben Sie sich genau bei diesem Unternehmen und wie können Sie sich darstellen. Informieren Sie sich also rechtzeitig über das Unternehmen, bei dem Sie sich bewerben. Oft genügen einige Eckdaten und Informationen von der Homepage, um die Prüfer zufrieden zu stellen. Optimal ist es, wenn Sie in diesem Teil kurz und verständlich begründen können, weshalb man sich für Sie entscheiden sollte. Ebenso können die Gebiete Wirtschaft, Politik oder Gesellschaft thematisiert werden. Hier geht es darum zu sehen, wie Sie an ein Thema herangehen, es sinnvoll gliedern und Ihre Position zu diesem Thema mit guten Argumenten vertreten. Zugleich werden mit dem Aufsatz Ihre Rechtschreibkenntnisse und Ihr Wortschatz überprüft. 10 Minuten sind nicht viel Zeit, um den Aufsatz sauber und vernünftig zu formulieren. Daher ist es zu empfehlen, dieses im Voraus mehrmals zu üben. Achten Sie darauf, dass Ihre Schrift leserlich ist und Sie das Formular zur Verfassung des Aufsatzes ordentlich beschrieben abgeben.

c. Das „Allgemeinwissen"

Auf den Kurzaufsatz folgt häufig der Abschnitt „Allgemeinwissen". Dies ist ein ernst zu nehmender Aufgabenbereich, der in fast jedem Eignungstest geprüft wird. Es werden Fragen zu den Themen Politik, Wirtschaft, Geografie, Naturwissenschaften, Geschichte, Kunst, Literatur, Sport und Musik gestellt. Zunehmend werden auch Situationen aus der Berufspraxis aufgegriffen und in vereinfachter Form abgefragt. Das Themengebiet Allgemeinwissen ist schwer fassbar, da es nahezu unerschöpflich umfangreich ist. Doch lässt sich der eigene Wissensstand enorm verbessern, indem man sich regelmäßig mit wirtschaftlichen und politischen Fragestellungen beschäftigt. Aktuelle Themen aus Politik, Wirtschaft und Recht sollten aufmerksam durch Zeitungslektüre und Nachrichtensendungen verfolgt werden. Viele Fragen lassen sich schon alleine durch ein bewusstes Verfolgen der gegenwärtigen Meldungen in den Medien beantworten. Mit diesem Buch erhalten Sie die gängigsten Fragen, deren Lösung und eine ausführliche Beantwortung. Lesen Sie sich auch die Kommentare aufmerksam durch, da sie oft die Antwort für andere gängige Fragen einschließen. Die Fragenkataloge bieten Ihnen die Möglichkeit einer außerordentlichen Vorbereitung, da die gestellten Fragen und die Art und Weise der Fragestellung aus Originaltests stammen.

Geforderte Kenntnisse im Bereich Allgemeinwissen sind:

- Politik, aktuelle Geschehnisse
- Wirtschaft, gegenwärtige Wirtschaftslage
- Geografie
- Naturwissenschaften
- Geschichte
- Kunst
- Literatur
- Sport
- Musik

d. Das „Mathematische Verständnis"

Es gibt keinen kaufmännischen Eignungstest, bei dem die Grundrechenarten nicht geprüft würden. Schließlich möchten Sie Industriekaufmann oder Industriekauffrau werden und benötigen im Tagesgeschäft die Grundkenntnisse der Mathematik, um wirtschaftlich handeln zu können.

Dieser Aufgabenbereich hat zwei wesentliche Vorteile. Zum einen haben Sie bereits in der Schule eine umfangreiche Ausbildung zu diesem Thema erhalten, zum anderen können Sie diesen Themenkomplex sehr gut üben und trainieren, da es sich überwiegend um die Grundrechenarten, Prozentrechnung, Dreisatz, Zinsrechnen und gemischte Aufgaben handelt. Die gestellten Prüfungsfragen ähneln sich und sind durch regelmäßige Wiederholung und Training gut erlernbar. In der Prüfung kommt es darauf an, schnell zu überblicken, welcher Wert zu berechnen ist und welche Zahlen Ihnen dafür gegeben sind. Ist dies geklärt, lässt sich die korrekte Antwort oft leicht errechnen. Dieses Buch bietet Ihnen die Möglichkeit, die wichtigsten Aufgabentypen kennen zu lernen, die für den Auszubildenden zum Industriekaufmann/-kauffrau relevant sind.

Geforderte Kenntnisse im Bereich mathematisches Verständnis sind:

- Dreisatz
- der Umgang mit Maßeinheiten und deren Umrechnung
- Bruchrechnung
- Prozentrechnung

- Zinsrechnung
- Fortführen von Zahlenreihen
- gemischte Aufgaben
- kaufmännisches Rechnen

e. Der Sprachteil

Gute Rechtschreibkenntnisse und ein sicherer Umgang mit der deutschen Sprache sind für viele Unternehmen elementar wichtig. Wenn es um eine kaufmännische Tätigkeit geht, sollten Sie sprachlich überzeugen können. Zur Überprüfung der sprachlichen Kenntnisse setzen Unternehmen in den Eignungstests verschiedene Aufgabentypen ein. Oft werden Eignungstests wie beschrieben mit einem kurzen Aufsatz begonnen, um neben der inhaltlichen Argumentation zu sehen, wie sich der Bewerber artikulieren kann. Hier sollten Sie die Gründe und Überlegungen für Ihre Berufswahl fehlerfrei und strukturiert formulieren können.

Diese Form der Wissensabfrage kennen Sie bereits aus Ihrer Schulzeit in Form des Aufsatzes. Da diese freie Form der Wissensabfrage vor allem in der Korrektur zeitintensiv ist, nutzt man zur Prüfung hauptsächlich Multiple-choice-Fragen. Hier bekommen Sie die wichtigsten Aufgabentypen für den/die Industriekaufmann/-kauffrau vorgestellt, die Sie zum erfolgreichen Bestehen des Tests kennen sollten. Es ist nicht möglich, durch dieses Buch schlechte Sprachkenntnisse in kurzer Zeit auf ein hohes Niveau zu bringen. In jedem Fall werden Sie aber durch die Kenntnisse der Aufgabentypen für den Test sicherer und schneller. Die wichtigsten Aufgaben werden umfangreich behandelt, so dass Sie lernen, wie Sie die Aufgaben zu lösen haben und welche möglichen Aufgaben im Eignungstest vorkommen könnten.

Geforderte Kenntnisse im Bereich Sprachkenntnisse sind:

- Rechtschreibung
- Kommasetzung
- Grammatik
- Fremdsprachen

f. Fähigkeit zu logischem Denken im sprachlichen und visuellen Bereich – Verbale und Visuelle Intelligenz

Logik ist die Lehre des vernünftigen Folgerns. Die Aufgabe der Logik ist die Überprüfung der Gültigkeit von Argumenten hinsichtlich ihrer Struktur. Logisches Denken und Abstraktionsfähigkeit fehlen als Prüfungsgegenstand in keinem Eignungstest. Das Unternehmen verspricht sich hiervon, Begabung jenseits von Schul- und erlerntem Wissen zu erkennen. Mithilfe unterschiedlicher Aufgaben versuchen sich die Tests an das logische Verständnis der Bewerber anzunähern. In den Eignungstests für den/die

Industriekaufmann/-kauffrau bezieht sich das logische Denken hauptsächlich auf den sprachlichen Bereich. Es geht darum, Relationen zwischen Begriffen herzustellen. So sind Begriffe zu ordnen, in Verhältnisse zu setzen sowie Synonyme und Antonyme zu erkennen. Zugleich wird hierbei der Wortschatz des Bewerbers geprüft. Doch wird auch das logische Denkvermögen im visuellen Bereich mit dem Erkennen und Fortsetzen von Zusammenhängen und Strukturen getestet.

Geforderte Kenntnisse im Bereich logisches Denken sind:
- Finden von Synonymen und Antonymen
- Ordnung und Verhältnis von Begriffen
- Wortschatz
- Visuelle Strukturen erkennen und fortführen

Bedeutung der Bearbeitungshinweise bei Einstellungstests und die richtige Vorgehensweise

Die Eignungstests sind inhaltlich in mehrere Aufgabengebiete unterteilt, die je nach Berufsbild unterschiedlich ausfallen. Sie erhalten i.d.R. bei jedem Aufgabengebiet einen Bearbeitungshinweis. Lesen Sie diese Bearbeitungshinweise gründlich, da sie wichtige Informationen zur Bearbeitung der einzelnen Aufgaben enthalten, was das Lösen der Aufgaben oft einfacher macht. Achten Sie darauf, welche Hilfsmittel zur Bearbeitung der Prüfung zugelassen sind. Diese können sein: Kugelschreiber, Bleistift, Radiergummi, Lineal, Papier, Taschenrechner usw. Bei vielen Prüfungen ist die Nutzung eines Taschenrechners erlaubt, bei einigen jedoch nicht. Dieses Buch geht davon aus, dass ein Taschenrechner genutzt werden darf. Daher ist das Zahlenmaterial entsprechend komplex. Bearbeiten Sie die Fragen zügig und sorgfältig. Oft werden Wörter überlesen, die ausschlaggebend für eine korrekte Beantwortung sein können. Doch halten Sie sich nicht mit Aufgaben auf, die Ihnen überhaupt nicht liegen, gänzlich unverständlich oder kaum lösbar sind. Überspringen Sie diese und versuchen Sie sie zu lösen, wenn Ihnen am Ende eines Aufgabengebietes noch Zeit bleibt. Diese Prüfungen werden i.d.R. so zusammengestellt, dass Sie in der vorgegebenen Bearbeitungszeit gar nicht die Möglichkeit haben, alle Aufgaben zu lösen. Die Tests werden bewusst unter Zeitdruck durchgeführt und sind in der vorgegebenen Zeit kaum komplett lösbar. Verfallen Sie nicht in Panik, sondern arbeiten Sie konzentriert die Aufgaben durch. Denken Sie immer daran, dass der Test so zusammengestellt ist, dass Sie in der vorgegebenen Zeit nicht fertig werden können. Wenn Verständnisfragen bestehen, dann stellen Sie Ihre Frage direkt an den Prüfer und nicht Ihrem Nachbarn, wobei Fragen während des Tests nicht gerne gesehen sind.

Die Antworten sind meistens auf einen gesonderten Antwortbogen einzutragen.

Durch gezieltes Training mit diesem Buch die Prüfungssituation bestehen

Sicherlich ist die Form der Wissensabfrage als Multiple-choice-Test erst einmal ungewohnt und unterscheidet sich stark von Klausuren Ihrer Schulzeit. Doch kennen Sie sicher noch viele Inhalte aus der Schulzeit, die wieder aufgefrischt werden müssen. Wichtig ist, dass Sie sich mit den Aufgabentypen und Inhalten vertraut machen. Das erfolgreiche Meistern dieser Tests besteht vor allem in intensiver Übung und Fleißarbeit. Das richtige Übungsmaterial haben Sie bereits mit dem Erwerb dieses Buches erhalten. Nach gründlicher Durcharbeitung werden Ihnen viele Fragen in den Tests bekannt vorkommen. Viele Aufgabenstellungen sind im Vorfeld trainierbar, andere wiederum nicht. Sie werden aber von Mal zu Mal schneller und sicherer bei der Bearbeitung der einzelnen Aufgaben. Keiner der Testteilnehmer wird es schaffen, alle Fragen zu 100 Prozent zu lösen. Es gibt aber Gebiete, die man durch eine gute Vorbereitung sicher und gut meistern kann.

Die Durcharbeitung dieses Buches ist keine Garantie für das Bestehen eines Eignungstests. Sie können aber sicher sein, dass Sie Ihre Chance zum erfolgreichen Bestehen enorm steigern. Die meisten Fragen und Aufgaben verlieren an Schwierigkeit, wenn man sie vorher schon mal gelesen und vielleicht sogar geübt hat. Es geht bei den Tests nicht darum, eine Quote von 100 Prozent zu erreichen. I.d.R. ist der Test bereits mit 70 Prozent bestanden. Danach gilt es, im Vorstellungsgespräch und/oder einer Gruppenarbeit zu überzeugen.

Bearbeitungshinweis für dieses Buch

Je nach Berufsbild sind die Schwerpunkte bei den Eignungstests unterschiedlich ausgelegt. Doch haben die meisten Eignungstests einen gemeinsamen Nenner. Es werden die Bereiche Allgemeinwissen, Rechnen, Analogien, Deutschkenntnisse und Erinnerungsvermögen getestet. Die beste Strategie, diesem Thema zu begegnen, ist Training – denn bestimmte Typen von Aufgaben kehren in allen Tests regelmäßig wieder.

In diesem Buch erhalten Sie zu jeder Frage sowohl die richtige Antwort als auch den Lösungsweg bzw. die Erklärung zu einer Aufgabe. Überspringen Sie keine Aufgabe, sondern nehmen Sie sich entsprechend Zeit. Erst wenn Sie eine Übung wirklich verstanden haben, wird die nächste Aufgabe aus dem gleichen Lerngebiet für Sie einfacher zu lösen sein. Verschleppen Sie keine Unwissenheit. Dies wird Sie bei der Lösung der Aufgaben immer stören.

Wir wünschen Ihnen viel Glück dabei!

Prüfung 1

Prüfung 1

Der Inhalt dieses Tests beinhaltet mehrere Aufgabengebiete, die von Ihnen gelöst werden sollen. Innerhalb eines Aufgabengebietes haben Sie Fragen unterschiedlicher Schweregrade.

Wir beginnen den Test mit einem Aufsatz

**Bitte verfassen Sie einen kurzen Aufsatz zum Thema:
„Warum haben Sie sich für diesen Beruf entschieden?"**

Hierzu haben Sie 10 Minuten Zeit

Ich habe mich aus verschiedenen Quellen über den Beruf des Industriekaufmanns/ der Industriekauffrau informiert und dabei festgestellt, dass er mir gefällt und gut zu mir passt. Durch das Berufsinformationszentrum der Agentur für Arbeit, das Internet und Bekannte konnte ich mich umfangreich erkundigen. Daher bin ich davon überzeugt, dass ich alle wichtigen Voraussetzungen für eine Ausbildung zum Industriekaufmann/ zur Industriekauffrau mitbringe und meine Fähigkeiten und Eigenschaften sinnvoll in diese Ausbildung einbringen kann.

Zu den Hauptaufgaben des Industriekaufmanns/ der Industriekauffrau gehören organisatorische und verwaltende Tätigkeiten. Bereichsübergreifend kümmern sich Industriekaufleute zumeist um ähnliche Aufgaben: Sie betreuen den allgemeinen Schriftverkehr und bereiten Zahlen und Daten zur weiteren Verwendung auf. Für ihre tägliche Arbeit müssen sie mit den modernen Kommunikations- und Informationssystemen vertraut sein. Sie müssen über sehr gute PC und Softwarekenntnisse verfügen, um ihre vielfältigen Aufgaben effizient und effektiv abarbeiten zu können. Gute Rechtschreib- und Grammatikkenntnisse und ein gutes Zahlenverständnis werden in diesem Beruf ebenfalls vorausgesetzt.

In meinem Praktikum habe ich einen tiefen Einblick in die verschiedenen Tätigkeiten eines Industriekaufmanns/ der Industriekauffrau erhalten und dabei viele Übereinstimmungen zu meinen persönlichen Neigungen entdeckt. Das Organisieren, Verwalten und Prüfen, sowie der Umgang mit Zahlen und Daten kommt meinen beruflichen Vorstellungen ebenso entgegen, wie der persönliche Kontakt mit Menschen. Höflichkeit und Freundlichkeit gegenüber anderen Menschen sind für mich ebenso selbstverständlich wie eine genaue und konzentrierte Arbeitsweise. Aufgrund meiner schnellen Auffassungsgabe wird es mir leichtfallen, die Zusammenhänge zwischen den einzelnen Abteilungen herzustellen und mich in den einzelnen Abteilungen zurechtzufinden.

Ich bin lernwillig und Neuem gegenüber aufgeschlossen. Das Arbeiten im Team bereitet mir große Freude, da man gemeinsam bessere Ergebnisse erzielen und voneinander lernen kann. Zudem gewährt ein hohes Maß an Belastbarkeit, dass ich für diesen Beruf der geeignete Kandidat bin.

Erläuterung

Es geht nicht darum, dass Sie für Ihre Prüfung diesen Musteraufsatz auswendig lernen oder kopieren. Dieser Musteraufsatz ist nur eine Möglichkeit der Darstellung. Ein Aufsatz mit der Fragestellung der Berufsentscheidung, muss natürlich auf Ihre Person bezogen sein.

Folgende Punkte sollten Sie dazu auf Ihre Person abgestimmt thematisieren:
- Sie haben sich über das Berufsbild des Industriekaufmanns / der Industriekauffrau informiert und können dazu Ihre Informationsquellen angeben.
- Sie kennen sich mit dem Berufsbild gut aus und können dieses in Grundzügen in eigenen Worten beschreiben.
- Sie können Basisinformationen über die Firma einbringen, bei der Sie sich bewerben.
- Sie können Ihre persönlichen Qualifikationen benennen, die Sie für die Ausbildung qualifizieren.
- Sie geben Ihrem Willen Ausdruck, dass Ihnen viel darin liegt, den Ausbildungsplatz zu bekommen.

Optimal ist es, wenn Sie in diesem Teil kurz und verständlich begründen können, weshalb man sich für Sie entscheiden sollte. Zudem geht es darum zu sehen, wie Sie an ein Thema herangehen, ob Sie es strukturiert gliedern können und sinnvoll argumentieren. Zugleich werden mit dem Aufsatz Ihre Rechtschreibkenntnisse und Ihr Wortschatz überprüft. Zehn Minuten sind nicht viel Zeit, um den Aufsatz sauber und vernünftig zu formulieren. Daher ist es empfehlenswert, dieses im Voraus mehrmals zu üben. Achten Sie darauf, dass Ihre Schrift leserlich ist und Sie das Formular zur Verfassung des Aufsatzes ordentlich beschrieben abgeben.

Allgemeinwissen: 1 – 10

Verschiedene Themen

1. Wie viele Einwohner hat die Bundesrepublik Deutschland?

A. ca. 40 Mio.
B. ca. 80 Mio.
C. ca. 120 Mio.
D. ca. 160 Mio.
E. Keine Antwort ist richtig.

Antwort: **B**

Die Bundesrepublik Deutschland hat 82.244.000 Einwohner.

---

2. Wofür steht die Abkürzung AGB?

A. Aktiengesetzbuch
B. Allgemeine Geschäftsregeln
C. Allgemeine Bestimmungen
D. Allgemeine Geschäftsbedingungen
E. Keine Antwort ist richtig.

Antwort: **D**

Die Abkürzung „AGB" steht für Allgemeine Geschäftsbedingungen. Allgemeine Geschäftsbedingungen sind für eine Vielzahl von Verträgen vorformulierte Vertragsbedingungen, die eine Vertragspartei, z.B. ein Computerversand, der anderen Vertragspartei bei Abschluss eines Vertrages, z.B. einem Computerkäufer, stellt.

---

3. Wann fand der Erste Weltkrieg in Europa statt?

A. 1789 - 1794
B. 1889 - 1907
C. 1914 - 1918
D. 1907 - 1914
E. Keine Antwort ist richtig.

Antwort: **C**

Der Erste Weltkrieg wurde von 1914 bis 1918 in Europa, dem Nahen Osten, Afrika und Ostasien geführt und forderte über neun Millionen Menschenleben.

Zuerst standen sich die Mittelmächte, das Deutsche Reich und Österreich-Ungarn auf der einen Seite, und die Entente-Mächte, mit Frankreich, Großbritannien und Russland sowie Serbien, gegenüber. 1917 griffen die USA entscheidend auf Seiten der Entente-Mächte in den Krieg ein.

4. Wer wählt in Deutschland den Bundeskanzler?

A. Das Volk
B. Die Minister
C. Der Bundestag
D. Der Bundespräsident
E. Keine Antwort ist richtig.

Antwort: **C**

Der Bundeskanzler wird bei der Erstwahl vom Bundespräsidenten vorgeschlagen und vom Bundestag gewählt. Er wird vom Bundespräsidenten nach der Wahl im Bundestag zum Bundeskanzler ernannt.

5. Wer bestimmt in Deutschland die Minister und Richtlinien der Politik?

A. Der Bundeskanzler
B. Der Bundespräsident
C. Der Bundestag
D. Der Bundesrat
E. Keine Antwort ist richtig.

Antwort: **A**

Der Bundespräsident ist zwar das Staatsoberhaupt der Bundesrepublik Deutschland, doch ist der Bundeskanzler faktisch der mächtigste deutsche Politiker und bestimmt so die Richtlinien der Politik und sein Kabinett, das allerdings vom Bundespräsidenten ernannt werden muss.

6. Wer wählt in Deutschland den Bundespräsidenten?

A. Das Volk
B. Die Minister
C. Der Bundestag
D. Die Bundesversammlung
E. Keine Antwort ist richtig.

Antwort: **D**

Der Bundespräsident wird von der Bundesversammlung auf fünf Jahre gewählt. Die Bundesversammlung besteht aus den Mitgliedern des Bundestages und den Abgesandten der Landesparlamente. Sie wird vom Bundestagspräsidenten einberufen und ihre einzige Aufgabe besteht in der Wahl des Bundespräsidenten. Die Aufgaben des Bundespräsidenten beschränken sich vor allem auf repräsentative Tätigkeiten. Zurzeit ist Horst Köhler der Amtsinhaber.

7. Wie lange dauert die Amtszeit des Bundespräsidenten?
A. 3 Jahre
B. 4 Jahre
C. 5 Jahre
D. 6 Jahre
E. Keine Antwort ist richtig.

Antwort: **C**

Der Bundespräsident wird von der Bundesversammlung auf fünf Jahre gewählt.

8. Wie lange dauert die Amtszeit des Bundeskanzlers?
A. 3 Jahre
B. 4 Jahre
C. 5 Jahre
D. 6 Jahre
E. Keine Antwort ist richtig.

Antwort: **B**

Eine Amtsperiode des Bundeskanzlers dauert i.d.R. vier Jahre. Der Kanzler kann nach den vier Jahren vom Bundestag wiedergewählt werden. Er kann aber auch vorzeitig durch ein Misstrauensvotum mit der Mehrheit des Bundestages abgewählt werden.

9. Wer schrieb „Das Schloss"?
A. Franz Kafka
B. Friedrich Schiller
C. Hermann Hesse
D. Thomas Mann
E. Keine Antwort ist richtig.

Antwort: **A**

„Das Schloss" ist eines der Hauptwerke von Franz Kafka und entstand 1922. Franz Kafka war ein deutschsprachiger Schriftsteller, der von 1883 bis 1924 in Prag lebte. Seine bekanntesten Werke sind „Das Schloss", „Der Prozess" und „Die Verwandlung". Seine Protagonisten bewegen sich oft wie in einem Albtraum durch ein Labyrinth undurchsichtiger Verhältnisse und sind dabei anonymen Mächten ausgeliefert.

10. Wer schrieb „Die Räuber"?
- A. Gotthold Ephraim Lessing
- B. Johann Wolfgang von Goethe
- C. Heinrich Heine
- D. Friedrich Schiller
- E. Keine Antwort ist richtig.

Antwort: **D**

„Die Räuber" wurde von Friedrich Schiller geschrieben und 1782 veröffentlicht.

Friedrich Schiller war ein deutscher Dichter, Dramatiker, Philosoph und Historiker. „Die Räuber" ist der Titel eines seiner Dramen, das ursprünglich nicht als Bühnenstück vorgesehen war. Im Mittelpunkt des Dramas steht der Konflikt zwischen zwei Brüdern. Auf der einen Seite steht der intelligente und freiheitsliebende spätere Räuber Karl, der vom Vater geliebt wird, auf der anderen Seite der kalt berechnende, unter Liebesentzug leidende Franz Moor. Schiller lässt anhand der Brüder einen Konflikt zwischen Gesetz und Freiheit entstehen.

Allgemeinwissen: 11 – 20

Fachbezogene Themen

11. Sie sind Mitarbeiter/-in in der Einkaufsabteilung der Mayer Industriegesellschaft. Wo können Sie neue Lieferanten ausfindig machen?

A. In der betrieblichen Lieferantendatei
B. In verschiedenen Auftragsbestätigungen
C. In Branchenverzeichnissen
D. In der betrieblichen Kundendatei
E. Keine Antwort ist richtig.

Antwort: **C**

Zur Bezugsquellenermittlung kommen nach dem Besuch von Fachmessen u. a. Fachzeitschriften, Branchenverzeichnisse und Telefonbücher infrage. In den betriebsinternen Dateien werden sich nur die bekannten Lieferanten finden.

12. In der Mayer Möbelwerke GmbH werden verschiedene Materialien und Stoffe benötigt. Welche davon gehören zu den Betriebsstoffen?

A. Holz und Leim
B. Schrauben und Nägel
C. Metallknöpfe und Aluminiumschienen
D. Strom und Heizöl
E. Keine Antwort ist richtig.

Antwort: **D**

Es wird unterschieden nach Rohstoffen, Hilfsstoffen und Betriebsstoffen. Betriebsstoffe sind durch das betriebswirtschaftliche Rechnungswesen als solche Stoffe definiert, die in der Produktion zur Energieversorgung und Aufrechterhaltung der Produktionsmaschinen dienen, wie z.B. Strom, Benzin, Heizöl, Kühlmittel, Schmiermittel, Druckluft und Wasser.

13. Durch die Automatisierung ergeben sich bestimmte Auswirkungen. Welche Aussage zur Automatisierung trifft nicht zu?

A. Bei der Massenfertigung ist der Grad an Automatisierung höher als beim klassischen Handwerk.
B. Die mit der Automatisierung einhergehende Massenfertigung kann zum Ausscheiden kleinerer Betrieben führen.
C. Bei der Automatisierung verlagert sich der Schwerpunkt von ausführenden und handelnden Tätigkeiten auf planende und kontrollierende.
D. Die Automatisierung führt zu mehr Arbeitsplätzen.
E. Keine Antwort ist richtig.

Antwort: **D**

Unter Automatisierung versteht man die Übertragung von durch Menschen vollbrachter Arbeit auf Maschinen, so werden hierdurch primär erst einmal Arbeitsplätze vernichtet.

14. Durch die Umstellung der Fertigungsanlage kann bei der Herstellung eines Produkts Zeit eingespart werden. Wie kann sich dies auswirken?

A. Die Ausbringungsmenge bleibt davon unberührt.
B. Die Ausbringungsmenge sinkt.
C. Der Stundenlohn des Mitarbeiters sinkt.
D. Der Lohnkostenanteil je Erzeugnis sinkt.
E. Keine Antwort ist richtig.

Antwort: **D**

Wenn bei der Produktion eines Produkts Zeit eingespart werden kann, dann bedeutet dies, dass im gleichen Zeitraum mehr von diesem Produkt hergestellt werden kann. Geht man davon aus, dass der Lohn der Mitarbeiter gleich bleibt, dieser nun aber mehr produziert, dann sinkt der Lohnkostenanteil für die produzierte Ware.

15. Wie bezeichnet man die beiden Seiten einer Bilanz?

A Soll und Haben
B linke und rechte Seite
C Einnahmen und Ausgaben
D Aktiva und Passiva
E Keine Antwort ist richtig.

Antwort: **D**

Die Bilanz ist eine kurzgefasste Vermögensübersicht als Gegenüberstellung von Aktiva und Passiva in Kontenform. Die Bilanz ist zusammen mit der Gewinn- und Verlustrechnung Bestandteil des Jahresabschlusses eines Unternehmens. Die Bilanz stellt den wirtschaftlichen Erfolg von Unternehmen in einer Vergangenheitsbetrachtung dar. In der Regel ist das das abgelaufene Geschäftsjahr oder eine andere Stichtagsabrechnung.

16. Um welche Art von Werbung handelt es sich bei dem Slogan „Esst mehr Biolebensmittel"?
- A. Schleichwerbung
- B. Beschaffungswerbung
- C. Sortimentswerbung
- D. Gemeinschaftswerbung
- E. Keine Antwort ist richtig.

Antwort: **D**

Gemeinschaftswerbung ist eine gemeinschaftlich betriebene Marketingmaßnahme einer Branche. Sie eignet sich besonders für Produkte, die wenig Möglichkeiten zur Unterscheidung bieten. So ist die Aufforderung, mehr Biolebensmittel zu essen, eine gemeinschaftliche Werbemaßnahme der Biolebensmittelproduktion.

17. Welche Tätigkeit fällt nicht in den Tätigkeitsbereich der Personalabteilung?
- A. Die Lohn- und Gehaltsabrechnung
- B. Die Einstellung von Mitarbeitern.
- C. Die Berechnung der Sozialversicherungsbeiträge.
- D. Die Überwachung der Einhaltung von Hygienevorschriften.
- E. Keine Antwort ist richtig.

Antwort: **D**

Zu den Aufgaben einer Personalabteilung zählen das Anlegen und Führen von Personalakten, die Sozialverwaltung, die Berechnung und Zahlung von Gehältern, die Verwaltung von Arbeits-, Urlaubs- und Fehlzeiten der Mitarbeiter sowie Tätigkeiten bei der Einstellung und dem Ausscheiden von Mitarbeitern. Die Überwachung der Einhaltung von Hygienevorschriften zählt nicht hierzu.

18. Welche Feststellung über den Datenschutz ist richtig?

A. Die Erhebung, Verarbeitung und Nutzung von personenbezogenen Daten ist im Prinzip erlaubt, wenn diese für Werbezwecke eingesetzt werden.

B. Das Bundesdatenschutzgesetz findet nur Anwendung, wenn es sich um personenbezogene Daten handelt, die innerhalb eines Unternehmens verarbeitet werden.

C. Das Bundesdatenschutzgesetz findet auch Anwendung für betriebliche Daten, wenn davon ausgegangen werden kann, dass personenbezogene Daten verarbeitet werden.

D. Die Vorschriften des Bundesdatenschutzgesetzes müssen nur von Körperschaften des öffentlichen Rechts beachtet werden.

E. Keine Antwort ist richtig.

Antwort: **C**

Das Bundesdatenschutzgesetz regelt zusammen mit den Datenschutzgesetzen der Länder den Umgang mit personenbezogenen Daten. Danach ist die Erhebung, Verarbeitung und Nutzung von personenbezogenen Daten erst einmal grundsätzlich verboten und nur erlaubt, wenn das Gesetz dies für den bestimmten Fall zulässt oder die betroffene Person zustimmt. Dies gilt auch für die betrieblichen Daten. Hat ein Unternehmen zehn oder mehrere Personen ständig mit der Bearbeitung personengebundener Daten beschäftigt, so benötigt es einen Datenschutzbeauftragten.

19. Welche Aussage zum Kundendienst ist richtig?

A. Ein echter Kundendienst ist für den Kunden immer kostenlos.

B. Der Kundendienst ist dazu verpflichtet, alle technischen Geräte des Kunden zu reparieren.

C. Die Aufgabe des Kundendienstes besteht in erster Linie darin, dem Kunden weitere Artikel zu verkaufen, um den Umsatz zu erhöhen.

D. Der Kundendienst ist eine Zusatzleistung und dient sowohl dem Image des Unternehmens als auch der Kundenbindung.

E. Keine Antwort ist richtig.

Antwort: **D**

Unter Kundendienst, Kundenservice oder einfach nur Service versteht man Zusatzleistungen, die über die ohnehin erbrachten Hauptleistungen hinausgehen und dem Image des Unternehmens als auch der Kundenbindung dienen. Solche Zusatzleistungen können aus Dienstleistungen, wie z. B. Montagehilfen oder frei Hauslieferung; Rechten wie das Umtauschrecht oder der Parkplatzbenutzung oder Warenzugaben z. B. Proben bestehen.

20. Die Industriehandelsgesellschaft hat beschlossen, für ihre Transportbehälter ein eigenes Warenzeichen eintragen zu lassen. Welche Aussage hierzu ist richtig?

A. Das Warenzeichen dient dazu, eine Mindestqualität der Transportbehälter nach außen kenntlich zu machen.

B. Das Warenzeichen dient dazu, die eigenen Transportbehälter von anderen Herstellern zu unterscheiden.

C. Das Warenzeichen dient dazu, das Herstellungsverfahren für die Transportbehälter zu schützen.

D. Das Warenzeichen für die Transportbehälter dient nicht zu Werbezwecken.

E. Keine Antwort ist richtig.

Antwort: **B**

Ein Warenzeichen, heute auch als Marke bezeichnet, ist ein besonderes, rechtlich geschütztes Zeichen, das dazu dient, Waren oder Dienstleistungen eines Unternehmens von Waren und Dienstleistungen anderer Unternehmen zu unterscheiden.

Mathematikteil: 21 – 25

Prozentrechnen

Bei der Prozentrechnung gibt es drei Größen, die zu beachten sind, den Prozentsatz, den Prozentwert und den Grundwert. Zwei dieser Größen müssen gegeben sein, um die dritte Größe berechnen zu können.

21. Die Max Mayer Industriegesellschaft produziert in einem Jahr 14.000 Stahlträger. Davon werden 4.200 Stück ins Ausland exportiert. Wie viel Prozent beträgt der Exportanteil?

A. 20 %
B. 25 %
C. 30 %
D. 40 %
E. Keine Antwort ist richtig.

Antwort: **C**

Der Exportanteil beträgt 30 %.

$$\text{Prozentsatz} = \frac{\text{Prozentwert} \times 100}{\text{Grundwert}}$$

$$\text{Prozentsatz} = \frac{4.200 \text{ Stk.} \times 100}{14.000 \text{ Stk.}} = 30 \%$$

22. Wie hoch wäre der Gewinn, wenn Herr Mayer eine Warenlieferung von 22.500 € direkt für 29.250 € weiterverkauft?

A. 30 %
B. 40 %
C. 50 %
D. 60 %
E. Keine Antwort ist richtig.

Antwort: **A**

Herr Mayer würde einen Gewinn von 30 % erzielen.

Gewinn = 29.250 € - 22.500 € = 6.750 €

$$\text{Prozentsatz} = \frac{\text{Prozentwert} \times 100}{\text{Grundwert}}$$

$$\text{Prozentsatz} = \frac{6.750\ \text{€} \times 100}{22.500\ \text{€}} = 30\ \%$$

23. Bei einer 15 Prozent Rabattaktion bietet Herr Mayer seinem Kunden ein hochwertiges Stahldach für 3.825 € an. Was kostet ein Stahldach regulär?

- **A.** 3.900 €
- **B.** 4.100 €
- **C.** 4.300 €
- **D.** 4.500 €
- **E.** Keine Antwort ist richtig.

Antwort: **D**

Das Stahldach hätte regulär ohne Rabatt 4.500 € gekostet.

$$\text{Grundwert} = \frac{\text{Prozentwert} \times 100}{\text{Prozentsatz}}$$

$$\text{Grundwert} = \frac{3.825\ \text{€} \times 100}{85} = 4.500\ \text{€}$$

24. Der Kauf eines Sonderpostens an Stahl soll über die Bank finanziert werden. Nach einem Jahr würde bei einem Zinssatz von sechs Prozent inklusive Zinsen einen Betrag von 14.840 € zu zahlen sein. Wie viel kostet der Sonderposten im Einkauf?

- **A.** 13.800 €
- **B.** 14.000 €
- **C.** 14.200 €
- **D.** 14.800 €
- **E.** Keine Antwort ist richtig.

Antwort: **B**

Der Sonderposten hat im Einkauf 14.000 € gekostet.

$$\text{Grundwert} = \frac{\text{Prozentwert} \times 100}{\text{Prozentsatz}}$$

$$\text{Grundwert} = \frac{14.840\ \text{€} \times 100}{106} = 14.000\ \text{€}$$

25. Die Max Mayer Industriegesellschaft beschäftigt 1.500 Mitarbeiter. Im Durchschnitt sind 8 % der Belegschaft krank. Wie viel Beschäftigte sind im Durchschnitt krank?

- A. 80 Beschäftigte
- B. 100 Beschäftigte
- C. 120 Beschäftigte
- D. 150 Beschäftigte
- E. Keine Antwort ist richtig.

Antwort: **C**

Im Durchschnitt sind 120 Beschäftigte krank.

$$\text{Prozentwert} = \frac{\text{Grundwert} \times \text{Prozentsatz}}{100}$$

$$\text{Prozentwert} = \frac{1.500 \times 8}{100} = 120$$

Mathematik: 26 – 35

Gemischte Aufgaben 1

Zur Herstellung eines Fertigerzeugnisses werden verschiedene Elemente und Materialien benötigt. Es gibt verschiedene Darstellungsformen, in der alle Einzelteile und Informationen aufgeführt sind, die zur Herstellung eines Fertigerzeugnisses benötigt werden. Ihnen liegt die folgende Skizze vor:

Material A
e_1 = 2 Stk.
e_3 = 1 Stk.
e_6 = 3 Stk.

Material B
e_2 = 2 Stk.
e_4 = 4 Stk.
e_5 = 3 Stk.
e_7 = 3 Stk.

Fertigerzeugnis C
Material A = 3 Stk.
Material B = 4 Stk.
e_1 = 2 Stk.
e_4 = 1 Stk.
e_8 = 3 Stk.

Hinweis: e_n: Einzelbedarf in (Stk.) von Elementen (e_n) bzw. Materialen (A,B) je (Stk.) eines Fertigerzeugnisses (C).

26. Wie viele Teile „e_n" werden für die Herstellung des Materials A insgesamt benötigt?

A. 4
B. 6
C. 10
D. 18
E. Keine Antwort ist richtig.

Antwort: **B**

Es werden 6 Teile des Elements „e_n" zur Herstellung des Materials A benötigt.

2 + 1 + 3 = 6

Prüfung 1

27. Wie viele Teile „e_n" werden für die Herstellung des Materials A und B insgesamt benötigt?

A. 5
B. 10
C. 12
D. 18
E. Keine Antwort ist richtig.

Antwort: **D**

Es werden 18 Teile des Elements „e_n" zur Herstellung des Materials A und B benötigt.
$2 + 1 + 3 + 2 + 4 + 3 + 3 = 18$

28. Wie viel Elemente „e_2" sind im Fertigerzeugnis C insgesamt enthalten?

A. 2
B. 4
C. 8
D. 16
E. Keine Antwort ist richtig.

Antwort: **C**

Im Fertigerzeugnis C sind 8 Teile des Elementes „e_2" enthalten.
$2 \times 4 = 8$

29. Wie viel Elemente „e_4" sind im Fertigerzeugnis C insgesamt enthalten?

A. 4
B. 16
C. 17
D. 18
E. Keine Antwort ist richtig.

Antwort: **C**

Im Fertigerzeugnis C sind 17 Teile des Elementes „e_4" enthalten.
$4 \times 4 + 1 = 17$

30. Wie viel Elemente „e₅" sind in 5 Fertigerzeugnissen C insgesamt enthalten?

A. 4
B. 8
C. 12
D. 60
E. Keine Antwort ist richtig.

Antwort: **D**

Es werden 60 Teile des Elementes „e₅" zur Herstellung von 5 Fertigerzeugnissen C benötigt.

$3 \times 4 \times 5 = 60$

---

31. Wie viel Elemente „e_n" sind insgesamt in einem Fertigerzeugnisse „C" enthalten?

A. 6
B. 12
C. 24
D. 72
E. Keine Antwort ist richtig.

Antwort: **D**

Es werden insgesamt 72 Elemente „e_n" zur Herstellung von einem Fertigerzeugnis „C" benötigt.

Material A: $2 + 1 + 3 = 6$

Material B: $2 + 4 + 3 + 3 = 12$

Fertigerzeugnis C = (3 × Material A) + (4 × Material B) + (2 + 1 + 3)

Fertigerzeugnis C = (3 × 6) + (4 × 12) + 6 = 72

---

32. Für einen Kunden müssen 5 Fertigerzeugnisse „C" hergestellt werden. Wie viel Elemente „e_n" werden zur Herstellung insgesamt benötigt?

A. 24
B. 90
C. 240
D. 360
E. Keine Antwort ist richtig.

Antwort: **D**

Es werden 360 Elemente „e_n" zur Herstellung von 5 Fertigerzeugnissen C benötigt.

$((6 \times 3) + (12 \times 4) + (6)) \times 5 = 360$

---

33. Welches Element „e_n" hat den größten Anteil im Fertigerzeugnis „C"?

A. e_4 mit 16 Teilen
B. e_2 mit 19 Teilen
C. e_2 mit 18 Teilen
D. e_4 mit 17 Teilen
E. Keine Antwort ist richtig.

Antwort: **D**

Das Element „e_4" hat mit 17 Teilen den größten Teileanteil im Fertigerzeugnis „C".

$4 \times 4 + 1 = 17$

---

34. Wie viel Elemente „e_1" sind in 3 Fertigerzeugnissen „C" enthalten?

A. 8
B. 16
C. 24
D. 30
E. Keine Antwort ist richtig.

Antwort: **C**

Es sind 24 Element „e_1" in 3 Fertigerzeugnissen C enthalten.

$(2 \times 3) \times 3 + (2 \times 3) = 24$

---

35. Wie viel Prozent der Einzelteile eines Fertigerzeugnisses C machen die Elemente „e_4 und e_5" zusammen aus?

A. ca. 20 %
B. ca. 30 %
C. ca. 40 %
D. ca. die Hälfte
E. Keine Antwort ist richtig.

Antwort: **C**

Elemente „e_4 und e_5" machen zusammen ca. 40 Prozent der Anteile an Einzelteilen in einem Fertigerzeugnissen „C" aus.

e_1: (2 × 3) + 2 = 8 Teile

e_2: 2 × 4 = 8 Teile

e_3: 1 × 3 = 3 Teile

e_4: (4 × 4) + 1 = 17 Teile

e_5: 3 × 4 = 12 Teile

e_6: 3 × 3 = 9 Teile

e_7: 3 × 4 = 12 Teile

e_8: = 3 Teile

Summe: 8 + 8 + 3 + 17 + 12 + 9 + 12 + 3 = 72 Teile

Anteil e_4 und e_5: = 17 + 12 = 29 Teile

$$\text{Prozentsatz} = \frac{\text{Prozentwert} \times 100}{\text{Grundwert}}$$

$$\text{Prozentsatz} = \frac{29\,T \times 100}{72\,T} = 40{,}28\,\%$$

Mathematikteil: 36 – 40

Gemischte Aufgaben 2

Herr Mayer möchte die Verkaufszahlen seines Unternehmens analysieren. Hierzu liegen ihm die Umsätze der drei Fabrikfilialen für das erste Quartal vor:

Firma: Max Mayer Metallherstellung AG

Mitarbeiterzahl: 10

Filiale	Monat	Umsatz	Monat	Umsatz	Monat	Umsatz
Filiale 1	Januar	120.000 €	Februar	140.000 €	März	160.000 €
Filiale 2	Januar	190.000 €	Februar	200.000 €	März	240.000 €
Filiale 3	Januar	200.000 €	Februar	220.000 €	März	240.000 €

36. Wie hoch ist der Gesamtumsatz im ersten Quartal?

A. 420.000 €
B. 500.000 €
C. 1.680.000 €
D. 1.710.000 €
E. Keine Antwort ist richtig.

Antwort: **D**

Der Gesamtumsatz im ersten Quartal beträgt 1.710.000 €.

120.000 € + 190.000 € + 200.000 € + 140.000 € + 200.000 € + 220.000 € + 160.000 € + 240.000 € + 240.000 € = 1.710.000 €

37. Wie hoch ist der Gesamtumsatz der Max Mayer AG im ersten Monat des Jahres?

A. 120.000 €
B. 190.000 €
C. 200.000 €
D. 510.000 €
E. Keine Antwort ist richtig.

Antwort: **D**

Der Gesamtumsatz im Monat Januar beträgt 510.000 €.

120.000 € + 190.000 € + 200.000 € = 510.000 €

---

38. Wie viel Prozent Umsatz macht die Filiale 2 im ersten Quartal mehr als die Filiale 1?

- A. 20 %
- B. etwas weniger als 50 %
- C. 50 %
- D. etwas mehr als 50 %
- E. Keine Antwort ist richtig.

Antwort: **C**

Filiale 2 macht 50 Prozent mehr Umsatz als Filiale 1 im ersten Quartal.

Filiale 1: 120.000 € + 140.000 € + 160.000 € = 420.000 €

Filiale 2: 190.000 € + 200.000 € + 240.000 € = 630.000 €

Differenz zwischen den Filialen: 630.000 € - 420.000 € = 210.000 €

$$\text{Prozentsatz} = \frac{\text{Prozentwert} \times 100}{\text{Grundwert}}$$

$$\text{Prozentsatz} = \frac{210.000 \, € \times 100}{420.000 \, €} = 50\,\%$$

---

39. Welchen Umsatz erzielt die Max Mayer AG durchschnittlich pro Filiale im Monat Januar?

- A. 170.000 €
- B. 220.000 €
- C. 240.500 €
- D. 510.000 €
- E. Keine Antwort ist richtig.

Antwort: **A**

Der durchschnittliche Märzumsatz pro Filiale beträgt 170.000 €.

120.000 € + 190.000 € + 200.000 € = 510.000 €

510.000 € ÷ 3 = 170.000 €

40. Wie hoch ist der durchschnittliche Monatsumsatz eines Mitarbeiters im ersten Quartal?

- A. 51.000 €
- B. 50.000 €
- C. 68.000 €
- D. 57.000 €
- E. Keine Antwort ist richtig.

Antwort: **D**

Der durchschnittliche Monatsumsatz eines Mitarbeiters beträgt im ersten Quartal 57.000 €.

120.000 € + 190.000 € + 200.000 € + 140.000 € + 200.000 € + 220.000 € + 160.000 € + 240.000 € + 240.000 € = 1.710.000 €

1.710.000 € ÷ 10 Mitarbeiter = 171.000 € Quartalsumsatz

171.000 € ÷ 3 = 57.000 € Monatsumsatz

Mathematikteil: 41 – 45

Gemischte Aufgaben 3

Herr Mayer möchte die Mitarbeiterstruktur seines Unternehmens analysieren. Hierzu liegen ihm die folgenden Daten vor:

Firma: Max Mayer Metallherstellung AG

Jahresumsatz: 1.650.000 €

Innendienst		Außendienst		Auszubildende	
männlich	weiblich	männlich	weiblich	männlich	weiblich
16	32	50	14	10	10

41. Wie viel Mitarbeiter beschäftigt die Max Mayer AG insgesamt?

A. 120
B. 124
C. 130
D. 132
E. Keine Antwort ist richtig.

Antwort: **D**

Die Max Mayer AG beschäftigt insgesamt 132 Mitarbeiter.

Summe = 16 + 32 + 50 + 14 + 10 + 10 = 132 Mitarbeiter

42. Wie hoch ist der Auszubildendenanteil bei den Beschäftigten der Max Mayer AG? Runden Sie das Ergebnis auf zwei Nachkommastellen.

A. 14,15
B. 15,15
C. 16,15
D. 17,25
E. Keine Antwort ist richtig.

Antwort: **B**

Der Auszubildendenanteil der Max Mayer AG beträgt 15,15 Prozent.

Summe = 10 + 10 = 20 Auszubildende

$$\text{Prozentsatz} = \frac{\text{Prozentwert} \times 100}{\text{Grundwert}}$$

$$\text{Prozentsatz} = \frac{20 \times 100}{132} = 15{,}15\,\%$$

43. Wie viele der 132 Mitarbeiter der Max Mayer AG müssten Auszubildende sein, um einen Auszubildendenanteil von 25 Prozent zu erreichen?

A. 20
B. 30
C. 33
D. 38
E. Keine Antwort ist richtig.

Antwort: **C**

Die Max Mayer AG müsste 33 Auszubildende haben.

$$\text{Prozentwert} = \frac{\text{Grundwert} \times \text{Prozentsatz}}{100}$$

$$\text{Prozentwert} = \frac{132 \times 25}{100} = 33$$

44. Wie viel Mitarbeiterinnen müsste die Max Mayer AG zusätzlich einstellen, um genauso viele Männer wie Frauen zu beschäftigen?

A. 15
B. 20
C. 25
D. 30
E. Keine Antwort ist richtig.

Antwort: **B**

Die Max Mayer AG müsste zusätzlich 20 Mitarbeiterinnen einstellen.

16 + 50 + 10 = 76 Männer

32 + 14 + 10 = 56 Frauen

76 − 56 = 20

45. Wie viele Männer müssten durch Frauen ersetzt werden, um genauso viele Männer wie Frauen zu beschäftigen?

A. 10
B. 12
C. 14
D. 16
E. Keine Antwort ist richtig.

Antwort: **A**

Die Max Mayer AG müsste 10 Männer durch Frauen ersetzen.

$76 + 56 = 132$

$132 \div 2 = 66$

$76 - 66 = 10$

Mathematikteil: 46 – 50

Gemischte Aufgaben 4

46. Zur Herstellung von Ersatzteilen wird ein spezielles Blech in der Produktion verwendet. Für 200 Ersatzteile werden 1,5 Tonnen dieses Bleches verbraucht. Wie viel Blech wird für einen Kundenauftrag von 120 Ersatzteilen benötigt?

- A. 900 kg
- B. 1.100 kg
- C. 1.200 kg
- D. 1.500 kg
- E. Keine Antwort ist richtig.

Antwort: **A**

Für den Kundenauftrag werden 900 kg Blech benötigt.

1.500 kg ÷ 200 Teile = 7,5 kg pro Ersatzteil

7,5 kg × 120 Ersatzteile = 900 kg

47. Zehn Mitarbeiter brauchen zur Fertigstellung eines Kundenauftrags 16 Arbeitstage. Wie lange dauert die Fertigstellung des Auftrags, wenn zwei Mitarbeiter krankheitsbedingt ausfallen?

- A. 17 Tage
- B. 18 Tage
- C. 19 Tage
- D. 20 Tage
- E. Keine Antwort ist richtig.

Antwort: **D**

Der Auftrag erfordert 20 Arbeitstage.

10 Mitarbeiter × 16 d = 160 d Gesamtzeit

160 d ÷ 8 Mitarbeiter = 20 d

48. Herr Mayer steht unter Zeitdruck und muss einen wichtigen Auftrag pünktlich fertigstellen. Die Bearbeitung von 400 Blechteilen erfordert 20 Mitarbeiter für genau 12 Tage. Wie viele Mitarbeiter muss Herr Mayer einsetzen, um nach 10 Tagen fertig zu werden?

A. 22 Mitarbeiter
B. 24 Mitarbeiter
C. 26 Mitarbeiter
D. 28 Mitarbeiter
E. Keine Antwort ist richtig.

Antwort: **B**

Herr Mayer müsste 24 Mitarbeiter einsetzen, um mit dem Auftrag in 10 Tagen fertig zu werden.

20 Mitarbeiter × 12 d = 240 d Gesamtzeit

240 ÷ 10 d = 24 Mitarbeiter

---

49. Herr Mayer benötigt mit dem Auto von zu Hause bis zur Arbeit bei einer Durchschnittsgeschwindigkeit von 100 km/h genau 21 Minuten. Wie groß ist die Distanz?

A. 25 km
B. 30 km
C. 35 km
D. 40 km
E. Keine Antwort ist richtig.

Antwort: **C**

Die Strecke beträgt 35 Kilometer.

100 km/h ÷ 60 × 21 min = 35 km

50. **Wie viel Zeit würde Herr Mayer für eine Strecke von 240 km benötigen, wenn er im Durchschnitt 160 km/h fahren würde?**

- A. 1,25 Stunden
- B. 90 Minuten
- C. 1,75 Stunden
- D. 120 Minuten
- E. Keine Antwort ist richtig.

Antwort: **B**

Herr Mayer würde 90 Minuten benötigen.

240 km ÷ 160 km/h = 1,5 h

Mathematikteil: 51 – 60

Gemischte Aufgaben 5

51. Für das Abladen eines Sattelzuges setzt Herr Mayer gewöhnlich acht Arbeiter gleichzeitig ein, die sechs Stunden benötigen. Wegen einem Engpass kann Herr Mayer dieses Mal nur sechs Arbeiter für das Abladen einsetzen. Wie viel Stunden benötigen sechs Arbeiter für die gleiche Arbeit?

- A. 8
- B. 10
- C. 12
- D. 14
- E. Keine Antwort ist richtig.

Antwort: **A**

Sechs Arbeiter benötigen acht Stunden für die gleiche Arbeit.

8 Arbeiter × 6 h = 48 h

48 h ÷ 6 Arbeiter = 8 h

52. In einer Prüfung sind die Hälfte der Aufgaben sehr schwer, ein Viertel jedoch sehr leicht zu lösen. Wie viele Aufgaben sind weder sehr schwer noch sehr leicht?

- A. Ein Drittel
- B. Ein Viertel
- C. Drei Viertel
- D. Die Hälfte
- E. Keine Antwort ist richtig.

Antwort: **B**

Ein Viertel der Prüfungsaufgaben sind weder sehr schwer noch sehr leicht.

$1/4$ = sehr schwer

$1/2$ = leicht

$1 - 1/4 - 1/2 = 4/4 - 1/4 - 2/4 = 1/4$

53. Herr Mayer möchte in seinem 7-tägigen Urlaub täglich 60 € ausgeben. Wie lange würde er auskommen, wenn er stattdessen 70 € täglich ausgeben würde?

A. 4 Tage
B. 5 Tage
C. 6 Tage
D. 7 Tage
E. Keine Antwort ist richtig.

Antwort: **C**

Herr Mayer würde bei einer täglichen Ausgabe von 70 € genau sechs Tage auskommen.

7 d × 60 € = 420 €

420 € ÷ 70 € = 6 d

54. Welchen Betrag würde Herr Mayer im 14-tägigen Urlaub ausgeben, wenn er pro Tag 60 € ausgeben würde anstatt 40 €?

A. 640 €
B. 800 €
C. 840 €
D. 960 €
E. Keine Antwort ist richtig.

Antwort: **C**

Herr Mayer würde in den 14 Tagen einen Betrag von 840 € ausgeben.

14 d × 60 € = 840 €

55. Die alte Produktionshalle soll einen neuen Industrieboden bekommen. Die Halle ist 8 m breit und 12 m lang. Der ausgewählte Spezialboden kostet insgesamt 11.520 €. Was kostet der Quadratmeter?

A. 80 €
B. 90 €
C. 110 €
D. 120 €
E. Keine Antwort ist richtig.

Antwort: **D**

Der Quadratmeterpreis des Spezialbodens beträgt 120 €.

8 m × 12 m = 96 m²

11.520 € ÷ 96 m² = 120 €

---

56. Herr Mayer verbraucht mit seinem PKW auf 100 km genau 6 Liter. Wie viel Liter würde das Fahrzeug bei gleichem Fahrverhalten auf einer Strecke von 240 km verbrauchen?

- A. 12,5 l
- B. 14,4 l
- C. 16,6 l
- D. 18,2 l
- E. Keine Antwort ist richtig.

Antwort: **B**

Das Fahrzeug hätte einen Verbrauch von 14,4 Litern auf einer Strecke von 240 km.

6 l ÷ 100 km = 0,06 Liter pro km

0,06 × 240 km = 14,4 Liter

---

57. Bei einer Durchschnittsgeschwindigkeit von 90 km/h benötigt Herr Mayer für eine Strecke sechs Stunden. Wie schnell muss er fahren, wenn er die gleiche Strecke in fünf Stunden schaffen möchte?

- A. 100 km/h
- B. 108 km/h
- C. 112 km/h
- D. 116 km/h
- E. Keine Antwort ist richtig.

Antwort: **B**

Herr Mayer müsste mit einer Durchschnittsgeschwindigkeit von 108 km/h fahren.

6 h × 90 km/h = 540 km

540 km ÷ 5 h = 108 km/h

58. Für die Produktion von 160 Maschinen benötigt Herr Mayer 20 Mitarbeiter und 20 Arbeitstage. Für einen weiteren Auftrag über 90 Maschinen stehen 15 Arbeitstage zur Verfügung.
Wie viel Mitarbeiter muss Herr Mayer mindestens einsetzen, um den Auftrag fristgerecht zu erledigen?

- A. 5 Mitarbeiter
- B. 10 Mitarbeiter
- C. 15 Mitarbeiter
- D. 20 Mitarbeiter
- E. Keine Antwort ist richtig.

Antwort: **C**

Herr Mayer müsste für den zweiten Auftrag 15 Mitarbeiter einsetzen.

160 Maschinen ÷ 20 d = 8 Maschinen pro Tag bei 20 Mitarbeitern

8 ÷ 20 = 0,4 Maschinen pro Mitarbeiter pro Tag

0,4 × 15 d = 6 Maschinen in 15 Tagen pro Mitarbeiter

90 Maschinen ÷ 6 = 15 Mitarbeiter

59. Für ein Gespräch von 4 Minuten werden 3,60 € bezahlt. Wie teuer wäre ein Gespräch von 9 Minuten?

- A. 6,00 €
- B. 6,40 €
- C. 7,60 €
- D. 8,10 €
- E. Keine Antwort ist richtig.

Antwort: **D**

Das Gespräch würde 8,10 € kosten.

3,60 € ÷ 4 min = 0,90 € pro Minute

0,90 € × 9 min = 8,10 €

60. Addiert man zu einer Zahl 5 und multipliziert die Summe daraus mit 4, so erhält man die Zahl 44. Welche Zahl wird gesucht?

A. 6
B. 7
C. 8
D. 9
E. Keine Antwort ist richtig.

Antwort: **A**

Es handelt sich um die Zahl 6.

Am besten rechnet man diese Aufgabe rückwärts.

$44 \div 4 = 11$

$11 - 5 = 6$

Logisches Denken: 61 – 70

Zahlenreihen

61.

| 1 | 3 | 5 | 7 | 9 | ? |

A. 10
B. 11
C. 12
D. 13
E. Keine Antwort ist richtig.

Antwort: **B**

Ungerade Zahlen

62.

| 39 | 34 | 30 | 27 | 25 | ? |

A. 10
B. 24
C. 18
D. 20
E. Keine Antwort ist richtig.

Antwort: **B**

-5 | -4 | -3 | -2 | -1

63.

| 2 | 5 | 11 | 23 | 47 | ? |

A. 56
B. 51
C. 95
D. 96
E. Keine Antwort ist richtig.

Antwort: **C**

+3 | +6 | +12 | +24 | +48

64.

| 226 | 200 | 246 | 200 | 266 | 200 | ? |

A. 268
B. 286
C. 266
D. 256
E. Keine Antwort ist richtig.

Antwort: **B**

226 | 200 | 226+20 | 200 | 246+20 | 200 | 266+20

65.

| 50 | 10 | 15 | 3 | ? |

A. 7
B. 6
C. 12
D. 8
E. Keine Antwort ist richtig.

Antwort: **D**

÷5 | +5 | ÷5 | +5

66.

| 68 | 61 | 55 | 50 | 46 | ? |

A. 41
B. 48
C. 43
D. 47
E. Keine Antwort ist richtig.

Antwort: **C**

-7 | -6 | -5 | -4 | -3

67.

| 14 | 11 | 44 | 41 | 164 | 161 | ? |

A. 620
B. 640
C. 644
D. 688
E. Keine Antwort ist richtig.

Antwort: **C**

-3 | ×4 | -3 | ×4 | -3 | ×4

68.

| 2 | 4 | 2 | 8 | 2 | 16 | 2 | ? |

A. 8
B. 16
C. 32
D. 64
E. Keine Antwort ist richtig.

Antwort: **C**

x | y | x | y×2 | x | y×2×2 | x | y×2×2×2

Die Zahl 2 immer beibehalten.

69.

| 4 | 8 | 24 | 96 | ? |

- A. 420
- B. 178
- C. 480
- D. 189
- E. Keine Antwort ist richtig.

Antwort: **C**

×2 | ×3 | ×4 | ×5

70.

| 192 | 96 | 48 | 24 | 12 | ? |

- A. 10
- B. 6
- C. 12
- D. 20
- E. Keine Antwort ist richtig.

Antwort: **B**

÷2 | ÷2 | ÷2 | ÷2 | ÷2

Sprachverständnis: 71 – 75

Gegenteilige Begriffe

Ordnen Sie den Begriffen die gegenteilige Bedeutung zu, indem Sie den Aufgaben im Lösungsbogen die korrekten Buchstaben zuordnen.

Begriffe	Gegenteilige Begriffe
71. steigen	A. kritisieren
72. kürzen	B. addieren
73. ausgeben	C. fallen
74. subtrahieren	D. sparen
75. loben	E. verlängern

Lösung

Begriffe	Gegenteilige Begriffe
71. steigen	C. fallen
72. kürzen	E. verlängern
73. ausgeben	D. sparen
74. subtrahieren	B. addieren
75. loben	A. kritisieren

Sprachverständnis: 76 – 80

Fremdwörter

Ordnen Sie den Fremdwörtern die richtige Bedeutung zu, indem Sie den Aufgaben im Lösungsbogen die korrekten Buchstaben zuordnen.

Fremdwort		Bedeutung
76. eloquent	A.	summieren
77. expositorisch	B.	redegewandt
78. kumulieren	C.	waagerecht
79. obsolet	D.	ungebräuchlich
80. horizontal	E.	erklärend

Lösung

Fremdwort		Bedeutung
76. eloquent	B.	redegewandt
77. expositorisch	E.	erklärend
78. kumulieren	A.	summieren
79. obsolet	D.	ungebräuchlich
80. horizontal	C.	waagerecht

Logisches Denkvermögen: 81 – 90

Sprachanalogien

81.

Zahl : Ziffer   wie   Wort : ?

A. Aufsatz
B. Abschnitt
C. Roman
D. Absatz
E. Buchstabe

Antwort: **E**

82.

Drehbuch : Regisseur   wie   Gesetz : ?

A. Gericht
B. Anwalt
C. Notar
D. Recht
E. Paragraf

Antwort: **A**

83.

addieren : subtrahieren   wie   multiplizieren : ?

A. reduzieren
B. tangieren
C. quadrieren
D. lavieren
E. dividieren

Antwort: **E**

84.

Obst : Gemüse   wie   Apfel : ?

A. Birne
B. Salat
C. Pfirsich
D. Melone
E. Mango

Antwort: **B**

85.

Käse : Gauda   wie   Spirituosen : ?

A. Wein
B. Sekt
C. Bier
D. Wodka
E. Wasser

Antwort: **D**

86.

Holz : Wald   wie   Kohle : ?

A. Bergmann
B. Verbrennung
C. Ofen
D. Bergwerk
E. Bagger

Antwort: **D**

87.

CD Spieler : Kompakt Disk   wie   Computer : ?

A. Prozessor
B. Arbeitsspeicher
C. Monitor
D. Maus
E. Festplatte

Antwort: **E**

88.

Sonne : Uranus   wie   Erde : ?

A. Neptun
B. Saturn
C. Mond
D. Sonne
E. Sterne

Antwort: **C**

89.

Blume : Blütenstaub   wie   Mensch : ?

A. Frau
B. Kind
C. Baby
D. Embryo
E. Samen

Antwort: **E**

90.

Werkzeugkasten : Zange   wie   Schreibtisch : ?

A. Papier
B. Ordner
C. Monitor
D. Kugelschreiber
E. Radio

Antwort: **D**

Sprachverständnis: 91 – 100

Rechtschreibung

91.

A. Imatrikulationsnummer
B. Immatrikullationsnummer
C. Imatrikullationsnummer
D. Immatrikulationsnummer
E. Keine Antwort ist richtig.

Antwort: **D**

92.

A. Gynekologen
B. Gynäkollogen
C. Gynekollogen
D. Gynäkologen
E. Keine Antwort ist richtig.

Antwort: **D**

93.

A. Philosofie
B. Filosophie
C. Philosophie
D. Phylosophie
E. Keine Antwort ist richtig.

Antwort: **C**

94.

A. Maschienenbauingenieur
B. Maschinenbauingenieur
C. Maschinenbauingeneur
D. Maschienenbauingeneur
E. Keine Antwort ist richtig.

Antwort: **B**

95.

- A. Chirurgie
- B. Chirugie
- C. Chirurgi
- D. Chirugi
- E. Keine Antwort ist richtig.

Antwort: **A**

96.

- A. Haluzination
- B. Halluszination
- C. Hallutzination
- D. Halluzination
- E. Keine Antwort ist richtig.

Antwort: **D**

97.

- A. Parallel
- B. Parallell
- C. Paralell
- D. Parrallel
- E. Keine Antwort ist richtig.

Antwort: **A**

98.

- A. Damfschiffahrtsgesellschaft
- B. Dampfschiffahrtsgeselschaft
- C. Dampfschiffahrtsgesellschaft
- D. Dampfschifffahrtsgesellschaft
- E. Keine Antwort ist richtig.

Antwort: **D**

99.

A. Karusell
B. Karusel
C. Karrussel
D. Karussell
E. Keine Antwort ist richtig.

Antwort: **D**

100.

A. Starkes Rückgrat
B. Starckes Rückrat
C. Starkes Rückrad
D. Starckes Rückrad
E. Keine Antwort ist richtig.

Antwort: **A**

Sprachverständnis: 101 – 105

Englisch

101. Mandy and Tom ... out every day.

A. are using to go
B. were using to go
C. were using to go
D. used to go
E. Keine Antwort ist richtig

Antwort: **D**

Die Antwort D ist grammatikalisch richtig. Die Übersetzung lautet: *„Mandy und Tom sind es gewöhnt, jeden Tag auszugehen."*

Antwort (E) trifft nicht zu, da es eine korrekte Antwort gibt; (A), (B) und (C) sind falsch, da hier das Verb **using** verwendet wird, was als **gebrauchen** zu übersetzen wäre.

102. There aren't ... cups in the cupboard.

A. some
B. any
C. the
D. a
E. Keine Antwort ist richtig

Antwort: **B**

Die Antwort B ist die korrekte Variante, der übersetzte Satz würde im Deutschen heißen: *„Es sind **keine** Tassen im Geschirrschrank."* Das Wort **keine** ist hier der Schlüssel zur Lösung. (E) kann ausgeschlossen werden, da es eine korrekte Antwort gibt; (A) ist auszuschließen, da **some** zu übersetzen ist als **einige**, eingesetzt im Beispielssatz würde die Konstruktion keinen Sinn ergeben. Für (C) und (D) gilt ähnliches, weder **the** (also **die**) noch **a** (also **eine**) würden eine grammatikalisch korrekte Konstruktion ergeben.

103. Sara told her mother that she didn't have … today.

A. many homeworks
B. much homeworks
C. much homework
D. many homework
E. Keine Antwort ist richtig

Antwort: **C**

Übersetzt bedeutet der Satz: „*Sara sagte ihrer Mutter, dass sie heute nicht viele Hausaufgaben auf habe.*" Die Antwort (E) kann ausgeschlossen werden, da es eine korrekte Antwort gibt. Die Antworten (A) und (B) sind falsch, da hier der Plural von homework (Hausaufgaben) mit einem s gebildet wird, was grammatikalisch falsch ist. In der Antwort (D) passt die Konstruktion nicht, wegen der falsch verwendeten Mengenangabe many (viele). Auch wenn wir im Deutschen viele Hausaufgaben sagen können, heißt es im Englischen **much homework** und nicht **many homework**. Ethymologisch geht das Wort *homework* auf die Phrase „work done at home" zurück, was so viel bedeutet wie *Arbeit/Aufgaben, die zuhause gemacht werden*. Bei der Verwendung der Termini *much* und *many* vergleicht man die Kriterien Zählbarkeit und Unzählbarkeit. **Countable nouns** und **uncountable nouns** – zählbare und nicht zählbare Substantive bilden den Schlüssel. Zählbare Substantive können eine Mehrzahl bilden; in der Mehrzahl kann man diese Substantive mit einer Zahl verwenden: 100 friends / 100 Freunde – **many** friends / viele Freunde. Nicht zählbare Substantive können keine Mehrzahl bilden, diese Substantive kann man nicht mit einer Zahl verwenden. Nicht zählbare Substantive verlangen **much**. 100 money / 100 Geld – **much** money / viel Geld. *Homework* zählt zu den nicht-zählbaren Substantiven. Es wäre nicht möglich zu sagen „I had 1000 homework to do"!

104. She would have paid … for her new dress.

A. as much twice
B. times two
C. much twice
D. twice as much
E. Keine Antwort ist richtig

Antwort: **D**

Die richtige Übersetzung des Satzes lautet: „*Sie hätte für das neue Kleid auch **doppelt so viel** bezahlt.*" Die Antwort (E) kann ausgeschlossen werden, da es eine korrekte Antwort gibt. Was hier also einzusetzen ist, ist die Formel **„doppelt so viel"**. Antwort (A) ist nicht korrekt, da die Anordnung der einzelnen Wörter nicht korrekt ist (*as much* *twice* – so viel doppelt); Antwort (B) ist aus demselben Grund auszuschließen (*times two* – mehr zwei) und auch Antwort (C) kann auf Grund der falschen Wortstellung ausgeschlossen werden (*much twice* – viel doppelt). Nur die Konstruktion **twice as much** folgt der richtigen Anordnung.

105. She can't understand how Tom could have made …

- A. such a big mistake.
- B. such big the mistake
- C. so big mistake
- D. so a big mistake
- E. Keine Antwort ist richtig

Antwort: **A**

Korrekt übersetzt bedeutet dieser Satz: *„Sie kann nicht verstehen, wie Tom **so einen großen Fehler** hat machen können."* Die Antwort (E) kann ausgeschlossen werden, da es eine korrekte Antwort gibt. Die einzusetzende Formel muss lauten, **„so einen großen Fehler"**. Die Antworten (C) und (D) erscheinen dem deutschen Muttersprachler auf den ersten Eindruck als korrekt, da hier der Terminus **so** (engl. also, daher, damit, dermaßen) angewendet wird; dieser wirkt mit einem deutschen Hintergrund richtig. Weiß man über die englische Bedeutung des Terminus, so erkennt man, dass diese Varianten nicht korrekt sind. Zudem ist die Wortstellung in diesen Antworten nicht korrekt. Die Antwort (B) kann ausgeschlossen werden, da diese Formel übersetzt bedeuten würde: „so groß der Fehler". Nur die Antwort (A) ergibt die korrekte Lösung **„so einen großen Fehler"**.

Visuelles Denkvermögen: 106 – 110

Gemischte Aufgaben

106. Die Dominosteine sind nach einer bestimmten Logik angeordnet.

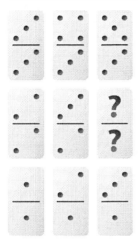

Welcher der Dominosteine von A bis E ergänzt den Dominostein mit den zwei Fragezeichen sinnvoll?

A   B   C   D   E

Antwort: **E**

Die untere Zahl muss 2 lauten, die obere Zahl 4.

Oben: 2   3   4

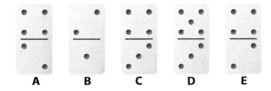

Unten: 2   2   2

107. Sie sehen ein Quadrat mit acht Mustern. Das neunte Muster soll sinnvoll nach einer ersichtlichen Regel ergänzt werden.

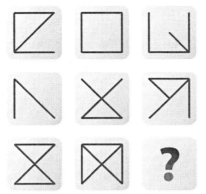

Durch welches der fünf Muster wird das Fragezeichen oben logisch ersetzt?

Antwort: **C**

Das Fragezeichen wird durch das Muster C logisch ersetzt.

Gehen Sie von oben nach unten vor.

In der linken senkrechten Reihe ergeben die zwei oberen Quadrate zusammen das untere Quadrat, wobei die doppelt vorhandenen Linien entfernt werden.

In der mittleren senkrechten Reihe ergeben die zwei oberen Quadrate zusammen das untere Quadrat, wobei die doppelt vorhandenen Linien entfernt werden.

In der rechten senkrechten Reihe ergeben die zwei oberen Quadrate zusammen das Muster C, wobei die doppelt vorhandenen Linien entfernt werden.

108. Aus wie vielen Flächen setzt sich diese Figur zusammen?

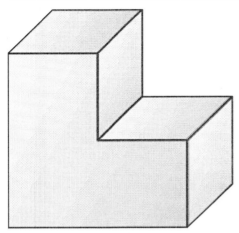

A. 6
B. 7
C. 8
D. 9
E. Keine Antwort ist richtig.

Antwort: **C**

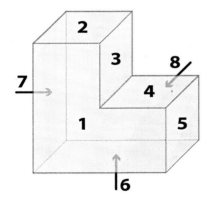

109. Sie sehen ein Quadrat mit neun Zahlen. Die in den dunkelgrauen Feldern eingesetzten weißen Zahlen müssen zusammen jeweils von oben nach unten, diagonal und von links nach rechts die schwarzen Zahlen in den hellgrauen Feldern ergeben. Prüfen Sie bitte die Ergebnisse und kreuzen Sie das falsche Ergebnis durch den entsprechenden Buchstaben im Lösungsbogen an.

38	54	92
42	24	66
80	88	62

Welche Zahl in dem Rechteck ist falsch?

A. 80
B. 88
C. 66
D. 92
E. 62

Antwort: **B**

54 + 24 = 78

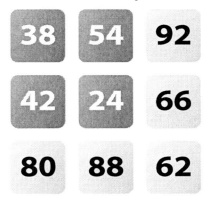

110.

 × = ◯ ?

Welche Zahl muss für das Fragezeichen eingesetzt werden?

A. 4
B. 6
C. 7
D. 8
E. Keine Antwort ist richtig.

Antwort: **B**

Für das Fragezeichen ist die Zahl 6 in das Quadrat einzusetzen.

Quadrat = 6

Kreis = 3

6 × 6 = 36

6 × 6 = ③ 6

Lösungsbogen zur Prüfung 1

Mustermann	Max	30. Mai 2009
Name	**Vorname**	**Datum**
Mittlere Reife	01234-123456	17
Voraussichtlicher Schulabschluss	**Telefonnummer**	**Alter**
Industriekaufmann		
Bewerbung zum …		

Kreuzen Sie bitte bei der jeweiligen Aufgabe nur einen Buchstaben an. Wenn Sie einen Buchstaben falsch angekreuzt haben sollten, dann machen Sie bitte einen Kreis um das falsche Kreuz und setzen Sie das neue Kreuz bei dem gewünschten Buchstaben ein.

Nr.	Antwort	Nr.	Antwort	Nr.	Antwort	Nr.	Antwort
1.	B	31.	D	61.	B	91.	D
2.	D	32.	D	62.	B	92.	D
3.	C	33.	D	63.	B	93.	C
4.	C	34.	C	64.	B	94.	C
5.	A	35.	B	65.	D	95.	A
6.	D	36.	D	66.	C	96.	D
7.	D	37.	D	67.	A	97.	B
8.	B	38.	C	68.	C	98.	E
9.	A	39.	A	69.	B	99.	D
10.	D	40.	D	70.	C	100.	A
11.	C	41.	D	71.	C	101.	D
12.	C	42.	B	72.	E	102.	C
13.	B	43.	D	73.	E	103.	D
14.	B	44.	B	74.	B	104.	D
15.	D	45.	A	75.	A	105.	A
16.	D	46.	A	76.	B	106.	E
17.	B	47.	C	77.	E	107.	C
18.	C	48.	D	78.	A	108.	C
19.	B	49.	E	79.	B	109.	D
20.	B	50.	C	80.	B	110.	B
21.	C	51.	A	81.	E		
22.	A	52.	C	82.	A		
23.	D	53.	C	83.	E		
24.	B	54.	C	84.	B		
25.	C	55.	D	85.	D		
26.	B	56.	B	86.	D		
27.	D	57.	B	87.	E		
28.	C	58.	C	88.	A		
29.	C	59.	C	89.	E		
30.	D	60.	A	90.	E		

Prüfung 2

Prüfung 2

Allgemeinwissen: 1 – 10

Verschiedene Themen

1. Was geschah am 9. November 1989?

- A. Tag der Deutschen Einheit
- B. Französische Revolution
- C. Tag des Mauerfalls
- D. Einführung des Euro
- E. Keine Antwort ist richtig.

Antwort: **C**

Der 9. November ist der Tag des Mauerfalls. Die Berliner Mauer trennte vom 13. August 1961 bis zum 9. November 1989 West-Berlin vom Ostteil der Stadt und dem sie umgebenden Gebiet der DDR. Sie war eines der bekanntesten Symbole für den Kalten Krieg und die Teilung Deutschlands.

2. Was geschah am 3. Oktober 1990?

- A. Deutsche Wiedervereinigung
- B. Französische Revolution
- C. Tag des Mauerfalls
- D. Einführung des Euro
- E. Keine Antwort ist richtig.

Antwort: **A**

Der Tag der Deutschen Einheit ist laut Einigungsvertrag seit 1990 am 3. Oktober Deutschlands Nationalfeiertag, da an diesem Datum die deutsche Wiedervereinigung vollzogen wurde. Die Volkskammer, das Parlament der DDR, erklärte den Beitritt der DDR zum Geltungsbereich des Grundgesetzes der Bundesrepublik Deutschland mit der Wirkung zum 3. Oktober 1990. Der 3. Oktober ist ein gesetzlicher Feiertag der Bundesrepublik Deutschland.

Prüfung 2

3. Was geschah am 11. September 2001?

A. Vertrag über die Europäische Union
B. Vertrag von Lissabon
C. Einführung des Euro
D. Terroranschlag
E. Keine Antwort ist richtig.

Antwort: **D**

Am 11. September 2001 verübten 19 Angehörige der islamistischen Terrororganisation al-Qaida auf symbolträchtige zivile und militärische Gebäude der Vereinigten Staaten von Amerika Selbstmordanschläge. Dazu wurden vier Verkehrsflugzeuge auf Inlandsflügen entführt. Zwei wurden in die Türme des World Trade Centers in New York City und eins in das Pentagon bei Washington D.C. gelenkt. Das vierte Flugzeug stürzte nach Kämpfen zwischen Entführern, Besatzung und Fluggästen ab.

4. Was geschah im Jahr 2002?

A. Vertrag über die Europäische Union
B. Vertrag von Lissabon
C. Einführung des Euro
D. Terroranschlag
E. Keine Antwort ist richtig.

Antwort: **C**

Am 1. Januar 2002 wurde der Euro, die Währung der Europäischen Währungsunion, erstmals als Bargeld eingeführt, nachdem sie schon seit dem 1. Januar 1999 als Buchgeld bestand. Damit löste der Euro die nationalen Währungen als Zahlungsmittel ab.

5. In welcher Stadt befindet sich das Europäische Parlament?

A. Straßburg
B. Brüssel
C. Kopenhagen
D. Luxemburg
E. Keine Antwort ist richtig.

Antwort: **A**

Das Europäische Parlament ist das Parlament der Europäischen Union mit Sitz in Straßburg, das seit 1979 alle fünf Jahre in allgemeinen, freien und geheimen Wahlen gewählt wird. Das Europaparlament ist weltweit die einzige direkt gewählte supranationale Institution. Da es die europäische Bevölkerung direkt repräsentiert, kann es als die Bürgerkammer der EU bezeichnet werden, die rund 490 Millionen Menschen vertritt. Seit der Gründung des Parlaments 1952 wurden seine Kompetenzen mehrmals stark ausgeweitet, insbesondere durch den Vertrag von Maastricht 1992 und den Vertrag von Nizza 2001. Es hat allerdings im Vergleich mit den nationalen Parlamenten noch immer relativ wenige Rechte.

6. Aus wie vielen Staaten besteht die Europäische Union?

A. 16 Staaten
B. 21 Staaten
C. 27 Staaten
D. 40 Staaten
E. Keine Antwort ist richtig.

Antwort: **C**

Der heutigen Europäischen Union ging eine Vielzahl von früheren ähnlichen Zusammenschlüssen voraus. Im Jahre 1951 gründeten Belgien, die Bundesrepublik Deutschland, Frankreich, Italien, Luxemburg und die Niederlanden eine erste Sechsergemeinschaft, die bis heute auf 27 Staaten erweitert wurde. Zuletzt traten der Europäischen Union Rumänien und Bulgarien bei. Heute zählt sie folgende 27 Mitglieder: Belgien, Italien, Rumänien, Bulgarien, Lettland, Schweden, Dänemark, Litauen, Slowakei, Deutschland, Luxemburg, Slowenien, Estland, Malta, Spanien, Finnland, die Niederlande, Tschechien, Frankreich, Österreich, Ungarn, Griechenland, Polen, Großbritannien, Irland, Portugal und die Republik Zypern.

7. Wie viele Staaten der Europäischen Union haben den Euro als Währung eingeführt?

A. 5 Staaten
B. 10 Staaten
C. 15 Staaten
D. 20 Staaten
E. Keine Antwort ist richtig.

Antwort: **C**

Von den 27 Mitgliedsstaaten der Europäischen Union haben 15 Länder den Euro als Währung eingeführt. Dazu zählen Belgien, Deutschland, Finnland, Frankreich, Griechenland, Irland, Italien, Luxemburg, Malta, Niederlande, Österreich, Portugal, Slowenien, Spanien und Zypern. Zudem ist er Zahlungsmittel in sechs weiteren Staaten, die nicht zur EU gehören.

8. Welches Land gehört nicht zur Europäischen Union?

A. Estland
B. Dänemark
C. Lettland
D. Norwegen
E. Keine Antwort ist richtig.

Antwort: **D**

Norwegen ist kein Mitglied der Europäischen Union. Heute zählt sie folgende 27 Mitglieder: Belgien, Italien, Rumänien, Bulgarien, Lettland, Schweden, Dänemark, Litauen, Slowakei, Deutschland, Luxemburg, Slowenien, Estland, Malta, Spanien, Finnland, die Niederlande, Tschechien, Frankreich, Österreich, Ungarn, Griechenland, Polen, Großbritannien, Irland, Portugal und die Republik Zypern.

9. Wie heißt die Hauptstadt der Türkei?

A. Istanbul
B. Bursa
C. Ankara
D. Izmir
E. Keine Antwort ist richtig.

Antwort: **C**

Ankara ist seit 1923 die Hauptstadt der Türkei. Die Stadt hat etwa vier Millionen Einwohner und ist damit nach Istanbul die zweitgrößte Stadt des Landes.

10. Wie heißt die Meerenge zwischen Schwarzem Meer und Mittelmeer?

A. Bosporus
B. Straße von Gibraltar
C. Sueskanal
D. Straße von Tunis
E. Keine Antwort ist richtig.

Antwort: **A**

Der Bosporus ist die Meerenge zwischen Europa und Kleinasien und verbindet das Schwarze Meer mit dem Marmarameer. Auf beiden Seiten der Meerenge befindet sich die Stadt Istanbul.

Allgemeinwissen: 11 – 20

Fachbezogene Themen

11. Was hat es in der Materialwirtschaft mit dem Meldebestand auf sich?

A. Dieser Bestand darf nicht unterschritten werden.
B. Dieser Bestand muss an die Buchhaltung gemeldet werden.
C. Dieser Bestand ist wichtig für die Einkaufsabteilung.
D. Dieser Bestand muss der Geschäftsführung gemeldet werden.
E. Keine Antwort ist richtig.

Antwort: **C**

Sinkt der Lagervorrat auf eine bestimmte Menge, so muss dies der Einkaufsabteilung gemeldet werden, damit sie entsprechend nachbestellen kann. Der Meldebestand ergibt sich aus dem Tagesbedarf, der Beschaffungszeit und dem Mindestbestand.

12. Welche Aussage zur Erstellung von Anfragen ist richtig?

A. Eine Anfrage muss schriftlich bestätigt werden.
B. Eine Anfrage muss vom Geschäftsführer unterschrieben sein.
C. Eine Anfrage ist eine verbindliche Willenserklärung.
D. Eine Anfrage ist formfrei und rechtlich unverbindlich.
E. Keine Antwort ist richtig.

Antwort: **D**

Die Anfrage dient der Einholung von Angeboten, um festzustellen, zu welchen Preisen und Bedingungen eine Ware oder Dienstleistung bezogen werden kann. Der Anfragende ist rechtlich nicht gebunden, ein Angebot auch anzunehmen. So lässt man sich in der Regel mehrere Angebote erstellen, um die besten Konditionen zu ermitteln.

13. Wozu werden Zeitaufnahmen in einem Produktionsunternehmen in erster Linie durchgeführt?

A. Zur Ermittlung der tatsächlich geleisteten Arbeitsstunden der Mitarbeiter.
B. Zur Ermittlung der Lieferzeiten von Lieferanten.
C. Zur Ermittlung der Vorgabezeiten für die Fertigung.
D. Zur Ermittlung der Fehlzeiten durch Urlaub und Krankheit.
E. Keine Antwort ist richtig.

Antwort: **C**

Die Zeitaufnahme, auch Zeitstudie genannt, ist ein Verfahren zur Ermittelung von Soll-Zeiten durch Messen und Auswerten von Ist-Zeiten. D.h. es wird gemessen, wie lange für eine bestimmte Arbeit benötigt wird, um daraus Vorgabezeiten für die Fertigung zu gewinnen.

14. Was ist in der Fertigung als Stückliste zu verstehen?
- A. Die Stückliste ist eine Übersichtsliste aller zu fertigenden Erzeugnisse.
- B. Die Stückliste gibt an, welches Material benötigt wird, um ein Stück des Endprodukts herzustellen.
- C. Die listenmäßige Zusammenstellung der verschiedenen Produkte für einen Kundenauftrag.
- D. Die listenmäßige Zusammenstellung der Erzeugnisse mit einem Bestand von eins.
- E. Keine Antwort ist richtig.

Antwort: **B**

Eine Stückliste oder Materialstückliste besteht aus einer strukturierten Gliederung von Teilen oder Baugruppen, die zur Herstellung eines bestimmten Produkts gebraucht werden. Stücklisteninformationen sind wichtige Daten der Fertigungsunternehmen. Sie werden dazu benötigt, die richtigen Materialien aus dem Lager zusammenzustellen und/oder in der Bedarfsermittlung zu bestellen, wenn ein bestimmtes Produkt gefertigt werden soll. Zudem ist mittels Stückliste die Vollständigkeit eines produzierten Teils überprüfbar. In der Serienfertigung und Prozesskostenrechnung werden Stücklisten zur Verbrauchsermittlung verwendet.

15. Welche Rolle spielt die Anfrage für den Abschluss eines Kaufvertrages?
- A. Die Anfrage ist als Bestellung zu sehen, wenn die Ware sofort geliefert werden kann.
- B. Der Verkäufer ist dazu verpflichtet, für die Anfrage ein Angebot abzugeben.
- C. Die Anfrage ist eine unverbindliche Erklärung des Käufers.
- D. Die Anfrage ist eine verbindliche Erklärung des Käufers.
- E. Keine Antwort ist richtig.

Antwort: **C**

Die Anfrage dient der Einholung von Angeboten, um festzustellen, zu welchen Preisen und Bedingungen eine Ware oder Dienstleistung bezogen werden kann. Der Anfragende ist rechtlich nicht gebunden, ein Angebot auch anzunehmen. So lässt man sich in der Regel mehrere Angebote erstellen, um die besten Konditionen zu ermitteln.

16. Welche Aussage trifft für einen Markenartikel zu?

A. Die Qualität der Ware ist bei diesen Artikeln immer sehr hochwertig.
B. Die Ware gibt es nur in einer limitierten Auflage.
C. Die Ware wird mit einem Firmen- oder Warenzeichen gekennzeichnet.
D. Der Preis bleibt bei diesen Artikeln immer konstant.
E. Keine Antwort ist richtig.

Antwort: **C**

Ein Markenartikel sagt nichts über die Qualität der Ware aus, sondern nur, dass es sich um eine geschützte Marke handelt, für die ein Warenzeichen eingetragen ist.

17. Welche Steuern und Beiträge werden bei einem kaufmännischen Angestellten direkt von seinem Gehalt abgezogen, wenn dieser in die Lohnsteuerklasse 3 eingeteilt ist und keiner Religionsgemeinschaft zugehört?

A. Einkommensteuer und die Kirchensteuer.
B. Lohnsteuer und die Beiträge zur Sozialversicherung.
C. Kraftfahrzeugsteuer und die Lohnsteuer.
D. Lohnsteuer, Sozialversicherungsbeiträge und die Grunderwerbssteuer.
E. Keine Antwort ist richtig.

Antwort: **B**

Direkt vom Gehalt eines Arbeitnehmers werden die Lohnsteuer, der Solidaritätszuschlag, bei Zugehörigkeit zu einer Religionsgemeinschaft die Kirchensteuer und die Sozialversicherungsbeiträge abgezogen, die wiederum aus der Renten-, Kranken-, Arbeitslosen-, Unfall- und Pflegeversicherung bestehen.

18. Für welchen Mitarbeiter findet die Steuerklasse 1 Anwendung?

A. Kaufmännischer Angestellter, 26 Jahre, verheiratet.
B. Kaufmännischer Angestellter, 26 Jahre, ledig.
C. Kaufmännischer Angestellter, 26 Jahre, verheiratet, 1 Kind.
D. Kaufmännischer Angestellter, 26 Jahre, ledig, 1 Kind.
E. Keine Antwort ist richtig.

Antwort: **B**

Das deutsche Einkommenssteuergesetz kennt sechs Lohnsteuerklassen. Für ledige Arbeitnehmer ohne Kinder gilt die Steuerklasse 1, wodurch die Höhe des Lohnsteuerabzugs und des Abzugs des Solidaritätszuschlags sowie der Kirchensteuer festgelegt ist.

19. Welche Aussage zum Marktanteil der Industriehandelsgesellschaft ist richtig?

A. Der Marktanteil der Industriehandelsgesellschaft nimmt automatisch zu, wenn der Verkaufspreis für ein Erzeugnis gesenkt wird.
B. Der Marktanteil der Industriehandelsgesellschaft lässt sich von der Qualität der hergestellten Erzeugnisse ableiten.
C. Der Marktanteil der Industriehandelsgesellschaft kann ermittelt werden, wenn der Umsatz und die Mengen des betreffenden Gesamtmarktes für ein Erzeugnis bekannt sind.
D. Der Marktanteil der Industriehandelsgesellschaft ist aussagekräftig für dessen Gewinn.
E. Keine Antwort ist richtig.

Antwort: **C**

Der Marktanteil eines Unternehmens ist der Absatz- oder Umsatzanteil gemessen am Absatz bzw. Umsatz der Branche. Zur Berechnung des Marktanteils benötigt das Unternehmen das eigene Absatzvolumen und das gesamte Marktvolumen. So kann entweder ein Mengen- oder ein Umsatzanteil berechnet werden.

$$\text{Marktanteil}_{\text{Menge}} = \frac{\text{Absatzvolumen} \times 100}{\text{Marktvolumen (Menge)}}$$

$$\text{Marktanteil}_{\text{Wert}} = \frac{\text{Umsatzvolumen} \times 100}{\text{Marktvolumen (Umsatz)}}$$

20. Die Industriehandelsgesellschaft steht bei einem Exportgeschäft vor der Entscheidung, eine Rechnung in Euro oder US-Dollar auszustellen. Welche Aussage hierzu ist richtig?

A. Bei einer Fakturierung in Euro tritt bei einem Kursanstieg des US-Dollars ein Währungsgewinn ein.
B. Bei einer Fakturierung in US-Dollar tritt bei einem Kurseinbruch des Euros gegenüber dem US-Dollar ein Währungsgewinn ein.
C. Bei einer Fakturierung in US-Dollar tritt bei einem Kursabsturz des US-Dollars ein Währungsgewinn ein.
D. Ein Währungsgewinn oder -verlust kann nur eintreten, wenn der Wechselkurs von Euro zu US-Dollar sich nicht verändert.
E. Keine Antwort ist richtig.

Antwort: **B**

Bei einer Fakturierung in US-Dollar tritt bei einem Kurseinbruch des Euros gegenüber dem US-Dollar ein Währungsgewinn ein. Da die Rechnung in US-Dollar zu zahlen ist, wird durch den Kurseinbruch des Euros bei einem Geldumtausch ein höherer Eurobetrag als geplant erzielt.

Mathematik: 21 – 25

Zinsrechnen

Bei der kaufmännischen Zinsrechnung werden dem Monat 30 Tage und dem Jahr 360 Tage zugrunde gelegt.

21. Herr Mayer möchte einen Betrag von 20.000 € zu fünf Prozent fest anlegen. Wie viel Zinsen erhält er pro Jahr?

- A. 800 €
- B. 900 €
- C. 1.000 €
- D. 1.100 €
- E. Keine Antwort ist richtig.

Antwort: **C**

Herr Mayer würde Zinsen in Höhe von 1.000 € erhalten.

$$\text{Zinsen} = \frac{\text{Kapital} \times \text{Zinssatz} \times \text{Tage}}{100 \times 360\,d}$$

$$\text{Zinsen} = \frac{20.000\,€ \times 5 \times 360\,d}{100 \times 360\,d} = 1.000\,€$$

22. Herr Mayer möchte einen Betrag von 20.000 € zu fünf Prozent fest anlegen. Wie viel Zinsen erhält er nach einem halben Jahr?

- A. 300 €
- B. 400 €
- C. 500 €
- D. 600 €
- E. Keine Antwort ist richtig.

Antwort: **C**

Herr Mayer würde Zinsen in Höhe von 500 € erhalten.

$$\text{Zinsen} = \frac{\text{Kapital} \times \text{Zinssatz} \times \text{Tage}}{100 \times 360\,d}$$

$$\text{Zinsen} = \frac{20.000\,€ \times 5 \times 180\,d}{100 \times 360\,d} = 500\,€$$

23. Herr Mayer erhält für einen fest angelegten Betrag bei einem Zinssatz von fünf Prozent einen jährlichen Zins von 1.100 Euro. Wie groß ist demnach der Anlagebetrag?

- **A.** 20.000 €
- **B.** 22.000 €
- **C.** 24.000 €
- **D.** 26.000 €
- **E.** Keine Antwort ist richtig.

Antwort: **B**

Herr Mayer hat einen Betrag von 22.000 € angelegt.

$$\text{Kapital} = \frac{\text{Zinsen} \times 100 \times 360\,d}{\text{Zinssatz} \times \text{Tage}}$$

$$\text{Kapital} = \frac{1.100\,€ \times 100 \times 360\,d}{5 \times 360\,d} = 22.000\,€$$

24. Herr Mayer hat für eine Anlage von 24.000 € in sechs Monaten 600 € Zinsen erhalten. Wie hoch ist der Zinssatz, den Herr Mayer von der Bank erhalten hat?

- **A.** 3,50 %
- **B.** 4,00 %
- **C.** 5,00 %
- **D.** 6,00 %
- **E.** Keine Antwort ist richtig.

Antwort: **C**

Herr Mayer hat einen Jahreszins von fünf Prozent erhalten.

$$\text{Zinssatz} = \frac{\text{Zinsen} \times 100 \times 360\,d}{\text{Kapital} \times \text{Tage}}$$

$$\text{Zinssatz} = \frac{600\,€ \times 100 \times 360\,d}{24.000\,€ \times 180\,d} = 5\,\%$$

25. Wegen einem Liquiditätsengpass muss Herr Mayer vorzeitig auf sein Gespartes zurückgreifen. Auf einen Betrag von 26.000 € hat er bei einem Zinssatz von fünf Prozent 325 € Zinsen erhalten. Wie lange war das Geld angelegt?

- A. 80 Tage
- B. 90 Tage
- C. 100 Tage
- D. 110 Tage
- E. Keine Antwort ist richtig.

Antwort: **B**

Das Geld war insgesamt 90 Tage angelegt.

$$\text{Tage} = \frac{\text{Zinsen} \times 100 \times 360\,d}{\text{Kapital} \times \text{Zinssatz}}$$

$$\text{Tage} = \frac{325\,€ \times 100 \times 360\,d}{26.000\,€ \times 5} = 90\,d$$

Mathematik: 26 – 30

Prozentrechnen

Bei der Prozentrechnung gibt es drei Größen, die zu beachten sind, den Prozentsatz, den Prozentwert und den Grundwert. Zwei dieser Größen müssen gegeben sein, um die dritte Größe berechnen zu können.

26. Herr Mayer kalkuliert die Preise für einen Kundenauftrag. Er zahlt für einen Stahlträger 37,50 € und möchte 40 Prozent Gewinn auf seinen gesamten Kapitaleinsatz erzielen. Wie hoch muss der Verkaufspreis pro Stahlträger sein, wenn er noch 2,50 € sonstige Kosten pro Stahlträger hat?

A. 40 €
B. 52 €
C. 56 €
D. 62 €
E. Keine Antwort ist richtig.

Antwort: **C**

Herr Mayer müsste auf den Einkaufspreis von 37,50 € und seine 2,50 € sonstige Kosten noch 16 € aufschlagen, sodass der Verkaufspreis 56 € betragen würde.

$$\text{Prozentwert} = \frac{\text{Grundwert} \times \text{Prozentsatz}}{100}$$

$$\text{Prozentwert} = \frac{40\,€ \times 40}{100} = 16\,€$$

37,50 € + 2,50 € + 16 € = 56 €

27. Wenn Herr Mayer einen Stahlträger bei 40 € Selbstkosten für 65 € weiterverkauft, wie groß ist dann sein Gewinn?

A. 60 %
B. 62,5 %
C. 64 %
D. 64,5 %
E. Keine Antwort ist richtig.

Antwort: **B**

Herr Mayer erwirtschaftet in diesem Fall pro Stahlträger einen Gewinn von 62,5 %.

$$\text{Prozentsatz} = \frac{\text{Prozentwert} \times 100}{\text{Grundwert}}$$

Gewinn = 65 € – 40 € = 25 €

$$\text{Prozentsatz} = \frac{25\,€ \times 100}{40\,€} = 62{,}50\,\%$$

28. Herr Mayer gewährt einem Kunden einen Sonderrabatt von fünf Prozent pro Stahlträger. Bei 16 Stahlträgern spart der Kunde einen Betrag von 52 €. Wie hoch wäre der Gesamtbetrag ohne Rabatt gewesen?

- A. 1.000 €
- B. 1.040 €
- C. 1.080 €
- D. 1.120 €
- E. Keine Antwort ist richtig.

Antwort: **B**

Der Kunde hätte ohne Rabatt einen Betrag von 1.040 € zu zahlen.

$$\text{Grundwert} = \frac{\text{Prozentwert} \times 100}{\text{Prozentsatz}}$$

$$\text{Grundwert} = \frac{52\,€ \times 100}{5} = 1.040\,€$$

29. Herr Mayer erhält auf einen Rechnungsbetrag von 2.500 € einen Skonto von 2 %. Wie hoch ist der Skontoabzug, wenn vorher ein Treuerabatt von 5 % abgezogen werden darf.

- A. 16,50 €
- B. 30,50 €
- C. 47,50 €
- D. 172,50 €
- E. Keine Antwort ist richtig.

Antwort: **C**

Der Skontoabzug beträgt nach Rabatt 47,50 €.

$$\text{Prozentwert} = \frac{\text{Grundwert} \times \text{Prozentsatz}}{100}$$

$$\text{Prozentwert} = \frac{2.500\,€ \times 95}{100} = 2.375\,€$$

$$\text{Prozentwert} = \frac{2.375\,€ \times 2}{100} = 47{,}50\,€$$

---

30. Die Max Mayer Industriegesellschaft zahlt für einen Lieferantenkredit halbjährlich einen Betrag von 848 €. Das sind sechs Prozent mehr als bei jährlicher Zahlungsweise. Wie hoch wäre der Jahresbetrag?

A. 900 €
B. 1.000 €
C. 1.400 €
D. 1.600 €
E. Keine Antwort ist richtig.

Antwort: **D**

Herr Mayer müsste jährlich 1.600 € zahlen.

$$\text{Grundwert} = \frac{\text{Prozentwert} \times 100}{\text{Prozentsatz}}$$

848 € × 2 = 1.696 €

$$\text{Grundwert} = \frac{1.696\,€ \times 100}{106} = 1.600\,€$$

Mathematik: 31 – 40

Gemischte Aufgaben 1

Die klassische ABC-Analyse ist ein Verfahren, um festzustellen, welchen relativen Anteil ein Artikel beispielsweise am Gesamtumsatz oder Gesamtverbrauch hat. Dabei ist der Anteil am Gesamtumsatz bei A-Artikeln sehr hoch und bei C-Artikeln sehr niedrig.

Artikelnr.	Artikelname	Mengen	Stückpreis	Umsatz	prozentual	A,B,C-Artikel
110	Sechskantschrauben	4.500	0,06 €	270 €	0,7	C
111	Vielzahnschrauben	1.200	3,40 €	4.080 €	10,2	B
112	Sicherheitsschrauben	1.500	8,60 €	12.900 €	32,4	A
113	Kreuzschlitzschrauben	8.500	0,55 €	4.675 €	12,0	B
114	Schlitzschrauben	9.000	0,45 €	4.050 €	10,1	B
115	Blechschrauben	5.500	0,09 €	495 €	1,2	C
116	Holzschrauben	9.500	0,25 €	2.375 €	6,0	C
117	Zollschrauben	5.000	0,20 €	1.000 €	2,5	C
118	Muttern	6.000	1,50 €	9.000 €	22,6	A
119	Scheiben	10.000	0,10 €	1.000 €	2,5	C
				39.845 €		

Hinweis: Durchschnittlicher Monatsumsatz.

31. Welche zwei Artikel gehören zur Artikelgruppe C?

A. Schlitzschrauben und Sechskantschrauben
B. Holzschrauben und Muttern
C. Scheiben und Schlitzschrauben
D. Blechschrauben und Zollschrauben
E. Keine Antwort ist richtig.

Antwort: **D**

Blechschrauben und Zollschrauben gehören zur Artikelgruppe C.

Blechschrauben: 495 € < 2.500 €

Zollschrauben: 1.000 € < 2.500 €

32. Wie hoch ist der korrekte Gesamtumsatz an Schlitzschrauben?

- **A.** 4.010 €
- **B.** 4.030 €
- **C.** 4.040 €
- **D.** 4.050 €
- **E.** Keine Antwort ist richtig.

Antwort: **D**

Der korrekte Gesamtumsatz für Schlitzschrauben lautet 4.050 €.

33. Wie hoch ist der korrekte Gesamtumsatz an Kreuzschlitzschrauben?

- **A.** 4.050 €
- **B.** 4.550 €
- **C.** 4.675 €
- **D.** 4.777 €
- **E.** Keine Antwort ist richtig.

Antwort: **C**

Der korrekte Gesamtumsatz für Kreuzschlitzschrauben lautet 4.675 €.

34. Wie hoch ist der korrekte Gesamtumsatz an Schrauben?

- **A.** 28.845 €
- **B.** 29.845 €
- **C.** 36.845 €
- **D.** 39.845 €
- **E.** Keine Antwort ist richtig.

Antwort: **B**

Der korrekte Gesamtumsatz für den Schraubenanteil beträgt 29.845 €.

270 € + 4.080 € + 12.900 € + 4.675 € + 4.050 € + 495 € + 2.375 € + 1.000 € = 29.845 €

35. Wie viel Euro wird der Jahresumsatz voraussichtlich betragen, wenn die Monatsumsätze im Durchschnitt gleich hoch bleiben?

A. 29.845 €
B. 298.450 €
C. 408.145 €
D. 478.140 €
E. Keine Antwort ist richtig.

Antwort: **D**

Der Jahresumsatz wird voraussichtlich 478.140 € betragen.

270 € + 4.080 € + 12.900 € + 4.675 € + 4.050 € + 495 € + 2.375 € + 1.000 € + 9.000 € + 1.000 € = 39.845 €

12 × 39.845 € = 478.140 €

36. Wie hoch ist der Umsatzanteil an A-Artikeln?

A. etwas weniger als die Hälfte
B. etwas mehr als die Hälfte
C. ca. 20 %
D. ca. 30 %
E. Keine Antwort ist richtig.

Antwort: **B**

Der Umsatzanteil an A-Artikeln beträgt 54,87 Prozent.

Sicherheitsschrauben: 12.900 €

Muttern: 9.000 €

Umsatzanteil an A-Artikeln: 12.900 € + 9.000 € = 21.900 €

Gesamtumsatz: 270 € + 4.080 € + 12.900 € + 4.675 € + 4.050 € + 495 € + 2.375 € + 1.000 € + 9.000 € + 1.000 € = 39.845 €

$$\text{Prozentsatz} = \frac{\text{Prozentwert} \times 100}{\text{Grundwert}}$$

$$\text{Prozentsatz} = \frac{21.900\,€ \times 100}{39.845\,€} = 54,96\,\%$$

37. Wie hoch ist der Mengenanteil an A-Artikeln?

A. etwas weniger als 12 Prozent
B. etwas mehr als 12 Prozent
C. etwas weniger als 55 Prozent
D. etwas mehr als 55 Prozent
E. Keine Antwort ist richtig.

Antwort: **B**

Der Mengenanteil an A-Artikeln beträgt 12,36 Prozent.

Sicherheitsschrauben: 1.500 Stk.

Muttern: 6.000 Stk.

Mengenanteil an A-Artikeln: 1.500 Stk. + 6.000 Stk. = 7.500 Stk.

Gesamtmenge: 4.500 + 1.200 + 1.500 + 8.500 + 9.000 + 5.500 + 9.500 + 5.000 + 6.000 + 10.000 = 60.700 Stk.

$$\text{Prozentsatz} = \frac{\text{Prozentwert} \times 100}{\text{Grundwert}}$$

$$\text{Prozentsatz} = \frac{7.500 \text{ Stk.} \times 100}{60.700 \text{ Stk.}} = 12{,}36\,\%$$

38. Wie hoch ist der Umsatzanteil an B- und C-Artikeln zusammen?

A. weniger als die Hälfte
B. etwas mehr als die Hälfte
C. ca. 80 %
D. ca. 90 %
E. Keine Antwort ist richtig.

Antwort: **A**

Der Umsatzanteil an B und C-Artikeln zusammen beträgt ca. 45 Prozent.

Umsatzanteil an A-Artikeln beträgt 54,96 %.

100 % - 54,96 % = 45,04 %

Oder:

Umsatzanteil C-Artikel: 270 € + 495 € + 2.375 € + 1.000 € + 1.000 € = 5.140 €

Umsatzanteil B-Artikel: 4.080 € + 4.675 € + 4.050 € = 12.805 €

Umsatz B- und C-Artikel: 5.140 € + 12.805 € = 17.945 €

Gesamtumsatz: 270 € + 4.080 € + 12.900 € + 4.675 € + 4.050 € + 495 € + 2.375 € + 1.000 € + 9.000 € + 1.000 € = 39.845 €

$$\text{Prozentsatz} = \frac{\text{Prozentwert} \times 100}{\text{Grundwert}}$$

$$\text{Prozentsatz} = \frac{17.945\,€ \times 100}{39.845\,€} = 45,04\,\%$$

39. Welche Aussage zur klassischen ABC-Analyse ist richtig?

A. A-Artikel haben einen geringen Umsatzanteil.
B. C-Artikel haben einen geringen Mengenanteil.
C. C-Artikel haben einen hohen Umsatzanteil.
D. A-Artikel haben einen hohen Umsatzanteil.
E. Keine Antwort ist richtig.

Antwort: **D**

Bei der klassischen ABC-Analyse haben A-Artikel einen hohen Umsatz- und geringen Mengenanteil.

Idealtypische Regel:

Umsatzanteil	Mengenanteil	Klasse
Wertanteil 85 %	Gesamtmenge 15 %	A
Wertanteil 10 %	Gesamtmenge 35 %	B
Wertanteil 5 %	Gesamtmenge 50 %	C

40. Welche Aussage zur klassischen ABC-Analyse ist nicht richtig?

A. Die ABC-Analyse wird zur Klassifizierung von großen Datenmengen eingesetzt.
B. Bei der ABC-Analyse wird das Wesentliche vom Unwesentlichen getrennt.
C. Die ABC-Analyse verschafft dem Disponenten eine Übersicht der Lagerzusammensetzung.
D. Die ABC-Analyse gibt Auskunft über die Umsatzregelmäßigkeit eines Artikels.
E. Keine Antwort ist richtig.

Antwort: **D**

Die ABC-Analyse gibt Auskunft über den Umsatz- und Mengenanteil eines Artikels am Gesamtanteil, nicht aber über die Umsatzregelmäßigkeit. Ein Verfahren zur Bestimmung der Umsatzregelmäßigkeit eines Artikels wäre die XYZ-Analyse.

Mathematik: 41 – 50

Gemischte Aufgaben 2

Die Max Mayer Metallindustrie AG benötigt zur Herstellung von Fertigerzeugnissen diverse Werkstoffe. Diese werden täglich über den Großhandel bezogen. Herr Mayer erhält von seinem Lieferanten die folgende Rechnung. Bitte überprüfen Sie die einzelnen Beträge auf der Rechnung auf ihre Richtigkeit!

minuscule Großhandel

Unendlichkeitsschleife 1 - 24217 Kalifornien
Telefon 04021-1234567

12×	35 mm Buche Schnittholz 730 Euro pro m³	8.760 €	R
14×	65 mm schwedische Kiefer 550 Euro pro m³	7.700 €	R
1.200 ×	Holzschrauben 0,25 € pro Stück	300 €	H
1.600 ×	Scheiben 0,10 € pro Stück	160 €	H
60	1A Holzleim 5 kg Eimer 14,50 EUR/kg	4.250 €	H
40	3D Holzleim 5 kg Eimer/ 16,50 EUR/kg	3.100 €	H
	SUMME.	EUR	

Hinweis: R = Rohstoffe; H = Hilfsstoffe.

41. Wie hoch ist der korrekte Gesamtpreis für den 1A Holzleim?

A. 4.150 €
B. 4.350 €
C. 4.500 €
D. 4.800 €
E. Keine Antwort ist richtig.

Antwort: **B**

Der korrekte Gesamtpreis für den 1A Holzleim beträgt 4.350 €.

60 × 5 kg × 14,50 € = 4.350 €

42. Wie hoch ist der korrekte Gesamtpreis für den hochwertigen 3D Holzleim?

A. 3.100 €
B. 3.200 €
C. 3.300 €
D. 3.400 €
E. Keine Antwort ist richtig.

Antwort: **C**

Der korrekte Gesamtpreis für den 3D Holzleim beträgt 3.300 €.

40 × 5 kg × 16,50 €= 3.300 €

43. Wie hoch ist der korrekte Gesamtpreis für beide Sorten Holzleim zusammen?

A. 3.100 €
B. 6.350 €
C. 7.350 €
D. 7.650 €
E. Keine Antwort ist richtig.

Antwort: **D**

Der Gesamtpreis für den Holzleim beträgt 7.650 €.

1A Holzleim: 60 × 5 kg × 14,50 €= 4.350 €

3D Holzleim: 40 × 5 kg × 16,50 €= 3.300 €

Summe Holzleim: 4.350 € + 3.300 € = 7.650 €

44. Wie hoch ist der Gesamtbetrag, den die Max Mayer Metallindustrie AG nach der vorliegenden Rechnungsstellung zahlen müsste?

A. 23.910 €
B. 24.110 €
C. 24.270 €
D. 25.110 €
E. Keine Antwort ist richtig.

Antwort: **C**

Der Gesamtbetrag laut Rechnung beträgt 24.270 €.

Buche: 8.760 €

Kiefer: 7.700 €

Holzschrauben: 300 €

Scheiben: 160 €

1A Holzleim: 4.250 €

3D Holzleim: 3.100 €

Summe: 8.760 € + 7.700 € + 300 € + 160 € + 4.250 € + 3.100 € = 24.270 €

45. Wie hoch wäre die Summe, die bei einer richtigen Ermittlung des Gesamtbetrages zu zahlen wäre?
- A. 24.210 €
- B. 24.570 €
- C. 26.350 €
- D. 26.450 €
- E. Keine Antwort ist richtig.

Antwort: **B**

Der korrekte Gesamtbetrag müsste lauten 24.570 €.

Buche: 8.760 €

Kiefer: 7.700 €

Holzschrauben: 300 €

Scheiben: 160 €

1A Holzleim: 4.350 €

3D Holzleim: 3.300 €

Summe: 8.760 € + 7.700 € + 300 € + 160 € + 4.350 € + 3.300 € = 24.570 €

46. Wie viel Euro hat die Max Mayer Metallindustrie AG durch die falsche Rechnung gespart?
- A. 240 €
- B. 300 €
- C. 320 €
- D. 400 €
- E. Keine Antwort ist richtig.

Antwort: **B**

Die Max Mayer Metallindustrie AG Es hat durch die falsche Rechnung 300 € gespart.

24.570 € - 24.270 € = 300 €

47. Zur Verarbeitung benötigt man für 1 m³ Kiefernholz 15 kg 3D Holzleim. Welche Aussage trifft für die eingekauften Mengen zu?

A. Für die eingekaufte Menge an Kiefernholz wurde mehr als ausreichend Holzleim gekauft.
B. Für die eingekaufte Menge an Kiefernholz wurde gerade die Menge an 3D Holzleim gekauft, die benötigt wird.
C. Es wurden 10 kg zu wenig 3D Leim gekauft.
D. Es wurden 50 kg zu wenig 3D Leim gekauft.
E. Keine Antwort ist richtig.

Antwort: **C**

Es wurden 10 kg 3D Holzleim zu wenig eingekauft.

benötigte Menge Holzleim: 14 × 15 kg = 210 kg

gekaufte Menge Holzleim: 40 × 5 kg = 200 kg

Differenz: 210 kg – 200 kg = 10 kg

48. Wie hoch wäre der korrekte Gesamtpreis für die Hilfsstoffe?

A. 6.940 €
B. 7.810 €
C. 8.110 €
D. 8.420 €
E. Keine Antwort ist richtig.

Antwort: **C**

Der korrekte Gesamtpreis für die Hilfsstoffe hätte lauten müssen 8.110 €.

Holzschrauben: 300 €

Scheiben: 160 €

1A Holzleim: 4.350 €

3D Holzleim: 3.300 €

Summe: 300 € + 160 € + 4.350 € + 3.300 € = 8.110 €

49. Wie viel Scheiben hätte der minuscule Großhandel an die Max Mayer AG verkaufen müssen, um damit den gleichen Umsatz wie mit den Holzschrauben zu erzielen?

- A. 1.200 Stück
- B. 2.400 Stück
- C. 2.800 Stück
- D. 3.000 Stück
- E. Keine Antwort ist richtig.

Antwort: **D**

Der Lieferant minuscule Großhandel hätte 3.000 Scheiben verkaufen müssen.

300 € ÷ 0,10 € = 3.000 Stück

---

50. Wie viel Euro würde die Max Mayer Metallindustrie AG bei einem Skonto von 2 Prozent auf den vorliegenden Rechnungsbetrag einsparen?

- A. 324,50 €
- B. 388,40 €
- C. 424,50 €
- D. 485,40 €
- E. Keine Antwort ist richtig.

Antwort: **D**

Die Max Mayer Metallindustrie AG könnte 485,40 € durch die Skontonutzung einsparen.

$$\text{Prozentwert} = \frac{\text{Grundwert} \times \text{Prozentsatz}}{100}$$

$$\text{Prozentwert} = \frac{24.270\,€ \times 2}{100} = 485,40\,€$$

Mathematik: 51 – 55

Gemischte Aufgaben 3

51. Der Zentraleinkauf der Max Mayer Industriegesellschaft hat von der Stahlsorte A acht Tonnen zum Tonnenpreis von 750 € gekauft. Dieser Stahl soll umgetauscht werden in Stahlsorte B zum Tonnenpreis von 800 €.
Wie viel Kilogramm der Stahlsorte B erhält der Einkauf für die umgetauschte Stahlsorte A?

- A. 6.000 kg
- B. 6.500 kg
- C. 7.000 kg
- D. 7.500 kg
- E. Keine Antwort ist richtig.

Antwort: **D**

Der Zentraleinkauf erhält 7.500 kg der Stahlsorte B.

8 t Stahlsorte A × 750 € = 6.000 €

6.000 € ÷ 800 € Tonnenpreis = 7,5 t = 7.500 kg Stahlsorte B

52. Die Max Mayer Industriegesellschaft hat acht Tonnen Stahl zum Preis von 6.400 € erworben. Dieser soll zu Stahlträgern, die 50 kg schwer sind, verarbeitet und für 80 € das Stück verkauft werden. Wie viele Stahlträger könnten hergestellt werden?

- A. 120 Stahlträger
- B. 140 Stahlträger
- C. 160 Stahlträger
- D. 180 Stahlträger
- E. Keine Antwort ist richtig.

Antwort: **C**

Es könnten 160 Stahlträger hergestellt werden.

8 t = 8.000 kg

8.000 kg ÷ 50 kg = 160 Stahlträger

53. Wie hoch ist der Umsatz, den die Max Mayer Industriegesellschaft erzielen kann, wenn das Stück für 80 € verkauft wird?

A. 10.100 €
B. 12.800 €
C. 14.800 €
D. 24.000 €
E. Keine Antwort ist richtig.

Antwort: **B**

Die Max Mayer Industriegesellschaft könnte mit dem Verkauf der Stahlträger einen Gesamtumsatz in Höhe von 12.800 € erzielen.

80 € × 160 = 12.800 €

54. Wie hoch wäre der erzielbare Gewinn für die Max Mayer Industriegesellschaft?

A. 6.400 €
B. 6.800 €
C. 7.000 €
D. 7.200 €
E. Keine Antwort ist richtig.

Antwort: **A**

Die Max Mayer Industriegesellschaft würde mit dem Verkauf der Stahlträger einen Gewinn in Höhe von 6.400 € erzielen.

8 t × 800 € = 6.400 €

12.800 € - 6.400 € = 6.400 € Gewinn

55. Wie hoch wäre der Gewinn, wenn 10 % des Einkaufspreises für Hilfsstoffe ausgegeben werden müsste?

- A. 5.760 €
- B. 7.040 €
- C. 7.180 €
- D. 7.460 €
- E. Keine Antwort ist richtig.

Antwort: **A**

Die Max Mayer Industriegesellschaft würde mit dem Verkauf der Stahlträger einen Gewinn von 5.760 € erwirtschaften.

$$\frac{6.400\,€ \times 110}{100} = 7.040\,€ \text{ Einsatz}$$

160 Stahlträger × 80 € = 12.800 € Umsatz

12.800 € - 7.040 € = 5.760 € Gewinn

Mathematik: 56 – 65

Gemischte Aufgaben 4

56. Für die Fertigstellung eines Auftrags werden gewöhnlich neun Mitarbeiter jeweils acht Stunden eingesetzt. Wie viele Überstunden muss jeder Mitarbeiter leisten, wenn krankheitsbedingt nur acht Mitarbeiter zur Verfügung stehen?

- A. 1
- B. 2
- C. 3
- D. 4
- E. Keine Antwort ist richtig.

Antwort: **A**

Jeder Mitarbeiter müsste eine Überstunde leisten.

9 Mitarbeiter × 8 h = 72 h

72 h ÷ 8 Mitarbeiter = 9 h

9 h - 8 h = 1 Überstunde pro Mitarbeiter

57. In einer Prüfung sind ¼ der Aufgaben leicht, ¼ jedoch schwer zu lösen. Wie viele Aufgaben sind weder schwer noch leicht?

- A. Ein Drittel
- B. Ein Viertel
- C. Drei Viertel
- D. Die Hälfte
- E. Keine Antwort ist richtig.

Antwort: **D**

Die Hälfte der Prüfungsaufgaben sind weder schwer noch leicht.

$\frac{1}{4}$ = leicht

$\frac{1}{4}$ = schwer

$1 - \frac{1}{4} - \frac{1}{4} = \frac{4}{4} - \frac{1}{4} - \frac{1}{4} = \frac{2}{4} = \frac{1}{2}$ = die Hälfte

58. Auszubildender Müller fährt jeden Tag die gleiche Strecke zur Arbeit. Mit einem vollen Tank von 55 Litern fährt er 880 km in der Woche. Wie viel Kilometer kann er mit 30 Liter bei gleichem Verbrauch fahren?

- A. 400 km
- B. 440 km
- C. 480 km
- D. 520 km
- E. Keine Antwort ist richtig.

Antwort: **C**

Auszubildender Müller könnte mit 30 Litern Kraftstoff 480 km weit fahren.

880 km ÷ 55 l = 16 km pro Liter

16 km × 30 l = 480 km

59. Auszubildender Müller möchte für seine neue Wohnung einen Teppichboden kaufen. Der Teppich mit einer Breite von 1,40 m kostet 196 €. Wie viel müsste ein gleichwertiger Teppich mit einer Breite von 1,60 m kosten?

- A. 196 €
- B. 202 €
- C. 214 €
- D. 224 €
- E. Keine Antwort ist richtig.

Antwort: **D**

Der Teppich mit einer Breite von 1,6 Meter müsste 224 € kosten.

196 € ÷ 1,40 m = 140 €

140 € × 1,60 m = 224 €

60. Auszubildender Müller verbraucht mit seinem PKW für eine Strecke von 240 km genau 16,8 l Kraftstoff. Wie hoch ist der Verbrauch auf einer Strecke von 100 km?

- A. 6 l
- B. 6,5 l
- C. 7 l
- D. 7,5 l
- E. Keine Antwort ist richtig.

Antwort: **C**

Das Fahrzeug hätte einen Verbrauch von 7 l auf einer Strecke von 100 km.

16,8 l ÷ 240 km × 100 km = 7 Liter

---

61. Auszubildender Müller benötigt für eine Strecke sechs Stunden, wenn er durchschnittlich mit 120 km/h fährt. Wie schnell müsste er durchschnittlich fahren, wenn er die Strecke in fünf Stunden schaffen möchte?

- A. 124 km/h
- B. 134 km/h
- C. 144 km/h
- D. 154 km/h
- E. Keine Antwort ist richtig.

Antwort: **C**

Auszubildender Müller müsste mit einer Durchschnittsgeschwindigkeit von 144 km/h fahren.

6 h × 120 km = 720 km/h

720 km/h ÷ 5 h = 144 km/h

---

62. Für die Produktion von 40 Stahlträgern setzt Herr Mayer acht Mitarbeiter für acht Arbeitstage jeweils 8 Stunden ein. Nun muss Herr Mayer einen dringenden Auftrag über 55 Stahlträgern in vier Tagen bewältigen. Wie viel Arbeiter müsste er für diesen Auftrag einsetzen?

- A. 16 Mitarbeiter
- B. 18 Mitarbeiter
- C. 20 Mitarbeiter
- D. 22 Mitarbeiter
- E. Keine Antwort ist richtig.

Antwort: **D**

Herr Mayer müsste für den zweiten Auftrag 22 Mitarbeiter einsetzen.

8 Mitarbeiter × 8 d × 8 h = 512 h

512 h ÷ 40 Stahlträgern = 12,8 h pro Stahlträgern

12,8 × 55 Stahlträgern = 704 h

704 h ÷ 4 d ÷ 8 h = 22 Mitarbeiter

63. Addiert man zu einer Zahl sechs und multipliziert die Summe daraus mit sechs, so erhält man die Zahl 60. Welche Zahl wird gesucht?

A. 4
B. 6
C. 8
D. 10
E. Keine Antwort ist richtig.

Antwort: **A**

Am besten lässt sich die Aufgabe rückwärts rechnen.

$60 \div 6 = 10$

$10 - 6 = 4$

---

64. Zur Isolierung von vier Leitungen benötigt Herr Mayer ein spezielles Material. Viereinhalb Meter davon kosten 90 €. Es werden 2,5 m, 3,0 m, 3,5 m und 4,0 m benötigt. Wie teuer wird die Isolierung der Leitungen?

A. 240 €
B. 260 €
C. 340 €
D. 370 €
E. Keine Antwort ist richtig.

Antwort: **B**

Die Isolierung der Leitungen würde 260 € kosten.

$90 € \div 4,5 \text{ m} = 20 €$ pro Meter

$2,5 \text{ m} + 3,0 \text{ m} + 3,5 \text{ m} + 4,0 \text{ m} = 13 \text{ m}$

$13 \text{ m} \times 20 € = 260 €$

---

65. Addiert man die Hälfte, ein Drittel und ein Viertel einer Zahl, so erhält man die Zahl 156. Wie lautet die gesuchte Zahl?

A. 124
B. 144
C. 164
D. 184
E. Keine Antwort ist richtig.

Antwort: **B**

Die gesuchte Zahl lautet 144.

$$\frac{1}{2}x + \frac{1}{3}x + \frac{1}{4}x = 156$$

$$\frac{6}{12}x + \frac{4}{12}x + \frac{3}{12}x = 156$$

$$\frac{13}{12}x = 156$$

$$x = 156 \times 12 \div 13 = 144$$

Logisches Denken: 66 – 75

Zahlenreihen

66.

| 120 | 30 | 60 | 15 | 30 | ? |

- A. 7,5
- B. 35
- C. 20
- D. 50
- E. Keine Antwort ist richtig.

Antwort: **A**

÷4 | ×2 | ÷4 | ×2 | ÷4

67.

| 4 | 16 | 18 | 72 | 74 | ? |

- A. 236
- B. 278
- C. 246
- D. 296
- E. Keine Antwort ist richtig.

Antwort: **D**

×4 | +2 | ×4 | +2 | ×4

68.

| 2 | 5 | 10 | 17 | ? |

- A. 26
- B. 25
- C. 38
- D. 32
- E. Keine Antwort ist richtig.

Antwort: **A**

+3 | +5 | +7 | +9

69.

| 8 | 24 | 23 | 69 | 68 | ? |

- A. 276
- B. 204
- C. 67
- D. 105
- E. Keine Antwort ist richtig.

Antwort: **B**

×3 | −1 | ×3 | −1 | ×3

70.

| 14 | 21 | 27 | 32 | 36 | ? |

- A. 40
- B. 36
- C. 39
- D. 13
- E. Keine Antwort ist richtig.

Antwort: **C**

+7 | +6 | +5 | +4 | +3

71.

| 4 | 5 | 8 | 10 | 16 | 15 | ? |

A. 32
B. 38
C. 30
D. 6
E. Keine Antwort ist richtig.

Antwort: **A**

x | y | x×2 | y+5 | x×2×2 | y+5+5 | x×2×2×2

72.

| 50 | 7 | 40 | 14 | 30 | 21 | ? |

A. 7
B. 37
C. 12
D. 20
E. Keine Antwort ist richtig.

Antwort: **D**

x | y | x-10 | y×2 | x-20 | y×3 | x-30

73.

| 20 | 28 | 21 | 27 | 22 | 26 | ? |

A. 23
B. 25
C. 27
D. 28
E. Keine Antwort ist richtig.

Antwort: **A**

x | y | x+1 | y-1 | x+2 | y-2 | x+3

74.

| 8 | 9 | 11 | 12 | 14 | ? |

- A. 10
- B. 11
- C. 14
- D. 15
- E. Keine Antwort ist richtig.

Antwort: **D**

+1 | +2 | +1 | +2 | +1

75.

| 40 | 45 | 41 | 45 | 42 | 45 | ? |

- A. 32
- B. 48
- C. 43
- D. 23
- E. Keine Antwort ist richtig.

Antwort: **C**

+5 | -4 | +4 | -3 | +3 | -2

Sprachverständnis: 76 – 80

Gegenteilige Begriffe

Ordnen Sie den Begriffen die gegenteilige Bedeutung zu, indem Sie den Aufgaben im Lösungsbogen die korrekten Buchstaben zuordnen.

Begriffe	Gegenteilige Begriffe
76. Qualität	A. Import
77. ineffizient	B. Boom
78. Wirkung	C. Ursache
79. Rezession	D. effizient
80. Export	E. Quantität

Lösung

Begriffe	Gegenteilige Begriffe
76. Qualität	E. Quantität
77. ineffizient	D. effizient
78. Wirkung	C. Ursache
79. Rezession	B. Boom
80. Export	A. Import

Sprachverständnis: 81 – 85

Sinnverwandte Begriffe

Ordnen Sie den Begriffen das sinnverwandte Wort zu, indem Sie den Aufgaben im Lösungsbogen die korrekten Buchstaben zuordnen.

Begriffe		Sinnverwandte Begriffe
81.	flink	A. Rentabilität
82.	Geruch	B. beweglich
83.	Lohn	C. Pappe
84.	Papier	D. Duft
85.	Wirtschaftlichkeit	E. Gehalt

Lösung

Begriffe		Sinnverwandte Begriffe
81.	flink	B. beweglich
82.	Geruch	D. Duft
83.	Lohn	E. Gehalt
84.	Papier	C. Pappe
85.	Wirtschaftlichkeit	A. Rentabilität

Logisches Denkvermögen: 86 – 90

Sprachanalogien

86.

Flugzeug : Triebwerk   wie   Auto : ?

- A. Motor
- B. Tank
- C. Reifen
- D. Gangschaltung
- E. Zylinderkopfdichtung

Antwort: **A**

87.

Komponist : Noten   wie   Schriftsteller : ?

- A. Skript
- B. Reportage
- C. Buch
- D. Nachricht
- E. Wörter

Antwort: **E**

88.

Verein : Mitglied   wie   Zeitung : ?

- A. Käufer
- B. Kommentar
- C. Interesse
- D. Abonnement
- E. lesen

Antwort: **D**

89.

Kilometer : Meter wie Kilogramm : ?

A. Gewicht
B. Zentner
C. Pfund
D. Tonne
E. Gramm

Antwort: **E**

90.

groß : klein wie dick : ?

A. leicht
B. weich
C. dünn
D. fest
E. flüssig

Antwort: **C**

Sprachverständnis: 91 – 110

Rechtschreibung

91.

A. Kohlendioxit
B. Kolendioxid
C. Kohlendioksit
D. Kohlendioxid
E. Keine Antwort ist richtig.

Antwort: **D**

92.

A. Weihnachtsmann
B. Weihnachtsman
C. Weinachtsman
D. Weihnachtmann
E. Keine Antwort ist richtig.

Antwort: **A**

93.

A. Tanzritmus
B. Tansrytmus
C. Tanzrytmus
D. Tanzrhythmus
E. Keine Antwort ist richtig.

Antwort: **D**

94.

A. Globalisierung
B. Globallisierung
C. Globallisirung
D. Gloobalisierung
E. Keine Antwort ist richtig.

Antwort: **A**

95.

- A. Kernspintomografi
- B. Kernspindtomografie
- C. Kernspinttomografie
- D. Kernspintomografie
- E. Keine Antwort ist richtig.

Antwort: **D**

96.

- A. Geheimratsecken
- B. Geheimrasecken
- C. Geheimradsecken
- D. Geheimradsecke
- E. Keine Antwort ist richtig.

Antwort: **A**

97.

- A. Großer Wiederstand
- B. Großer Widerstand
- C. Großer Widerstant
- D. Großer Wiederstant
- E. Keine Antwort ist richtig.

Antwort: **B**

98.

- A. Masseur- und Physiotherapeut
- B. Maseur- und Psychotherapeut
- C. Maseur- und Physiotherapeut
- D. Masseur- und Pysiotherapeut
- E. Keine Antwort ist richtig.

Antwort: **A**

99.

A. Kurze Widerholung
B. Kurtze Widerholung
C. Kurtze Wiederholung
D. Kurze Wiederholung
E. Keine Antwort ist richtig.

Antwort: **D**

100.

A. Am Samstag und sonntags ist geschlossen.
B. Am Samstag und sonntags ist geschlosen.
C. Am Samstag und Sonntags ist geschlossen.
D. Am Samstag und sontags ist geschlossen.
E. Keine Antwort ist richtig.

Antwort: **A**

Sprachverständnis: 101 – 105

Englisch

101. ... a cat on the chair.

A. He's
B. They're
C. Theirs
D. There's
E. Keine Antwort ist richtig

Antwort: **D**

Übersetzt bedeutet der angefügte Satz: *„**Dort ist** eine Katze auf dem Stuhl"*. Eingesetzt werden soll die Ortsangabe **„dort ist"**. Die Antwort (E) kann ausgeschlossen werden, da es eine korrekte Antwort gibt. Die Antwort (B) ist in diesem Zusammenhang falsch, da die Übersetzung der Floskel **„They're"** so viel bedeutet wie **„Sie sind"**. Das gleiche gilt für die Antwort (A), hier würde der Satz übersetzt dann sagen: „**Er ist** (He's) eine Katze auf dem Stuhl", was nicht korrekt wäre. Auch die Antwort (C) kann als falsch ausgeschlossen werden, da **„theirs"** so viel bedeutet wie: **„ihr, ihre, ihrer, ihres"**. Nur die Antwort (D) kann als Ortsangabe **„dort ist"** übersetzt werden, daher ist auch nur diese Antwort korrekt.

102. His teacher proposed that he ... until he would finish his studies.

A. will stays
B. stayed
C. should stay
D. shall staying
E. Keine Antwort ist richtig

Antwort: **C**

Die Übersetzung des Satzes lautet: *„Sein Lehrer schlug vor, dass er **bleiben sollte**, bis er die Aufgaben/Studien beendet habe."* Die Antwort (E) kann zuerst ausgeschlossen werden, da es eine korrekte Antwort gibt. Antwort (A) ist grammatikalisch nicht korrekt, da es keine Konstruktion mit **„will"** und einem Verb in der dritten Person Singular (he, she, it – **„stays"**) gibt. Die Antwort (D) ist falsch, da die ing-Form des Verbs (**„staying"**) an dieser Stelle falsch ist, zumal in Kombination mit dem Hilfsverb (**„shall"**). Und Antwort (B) kann ausgeschlossen werden, da sich der Sinn des Satzes verändern würde. Die Aussage würde sich dann auf den Lehrer beziehen (*„Sein Lehrer schlug vor, er bleibe* *(der Lehrer) bis er (der Schüler) die Aufgaben/Studien beendet habe")*. Aus den angeführten Gründen kann nur die Antwort (C) inhaltlich und grammatikalisch als korrekt bezeichnet werden.

103. Would you please ... write on these papers?!

A. not
B. to not
C. doesn't
D. not to
E. Keine Antwort ist richtig

Antwort: **A**

Die Übersetzung des Satzes lautet: *„Würdest Du bitte nicht auf diese Unterlagen schreiben?!"* Zuerst kann die Antwort (E) ausgeschlossen werden, da es eine richtige Antwort gibt. Diese richtige Variante ist Antwort (A), der Satz lautet dann: *„Would you please not write on these papers?!"* Antwort (D) können wir als richtige Antwort ausschließen, da es sich hierbei um eine grammatikalisch falsche Konstruktion handeln würde. **Not to** kann in diesem Kontext nicht sinnvoll eingesetzt werden; ähnlich geht es mit der umgekehrten Variante (B) **to not**. Die Antwort (C) **doesn't** kann ausgeschlossen werden, da es sich hier um einen Satz handelt, der für die zweite Person Singular formuliert ist (*you* - Du); doesn't hingegen ist nur mit der 3. Person Singular (*he, she, it* – er, sie, es) vereinbar; erinnere: **„he, she, it: das S muss mit."**

104. Your sister used to visit Lionel quite often, ...?

A. didn't she
B. wouldn't she
C. doesn't she
D. haven't she
E. Keine Antwort ist richtig

Antwort: **A**

Ins Deutsche übertragen bedeutet dieser Satz: *„Deine Schwester besuchte Lionel recht häufig, **oder (tat sie das nicht)**?"* Es handelt sich hierbei um eine rhetorische Frage, wichtig ist vor allem der auf das Komma folgende Nachsatz **„oder tat sie das nicht?"** Im Englischen wäre diese Formel korrekt zu übersetzen als **„didn't she"**. Die Antwort (E) kann auch hier ausgeschlossen werden, da es eine korrekte Antwort gibt. Antwort (C) könnte grundsätzlich in Frage kommen, ist jedoch in diesem Zusammenhang auch falsch, da die Zeitform nicht korrekt ist. Der Satz steht in der Vergangenheit (**„used**

to"), die Antwort (C) hingegen ist eine Gegenwartsform (*doesn't she* – tut sie das nicht). Die Antwort (B) muss als falsch ausgezeichnet werden, da sinngemäß ein Fehler vorliegen würde, auch wenn die grammatikalische Form (Zeitform: Vergangenheit) richtig ist. Dies ist der Fall, da die Konstruktion **„wouldn't she"** so viel bedeutet wie **„würde Sie nicht"**. Ebenfalls nicht korrekt ist die Antwort (D), hier stimmen weder die Zeitform (have, has – Präsens; had - Präteritum) noch die Person (we – have; she - has). Einzig korrekt ist demnach die Antwort (A).

---

105. We moved to our new apartment two weeks_____.

- A. before
- B. after
- C. ago
- D. then ago
- E. for

Antwort: **C**

Die Übersetzung des Satzes lautet: *„Wir haben unser Apartment **vor** zwei Woche bezogen."* Die Antwort (A) kann hier ausgeschlossen werden, da nach der Konjunktion **„before"** (bevor) noch etwas folgen müsste, z. B. eine Konstruktion wie „two weeks before ***our son was born***". Dann würden sich jedoch Inhalt und Aussage des Satzes ändern. Ähnlich verhält es sich mit der Antwort (B); auch auf die Konjunktion **„after"** (nachdem) müsste noch etwas folgen („two weeks after ***our son was born***"). Die Antwort (E) kann ausgeschlossen werden, da es sinngemäß falsch wäre, das Wort **„for"** (für) einzusetzen; und Antwort (D) könnte so im Englischen niemals auftreten, es handelt sich um eine nicht zulässige Zusammensetzung der Termini **„then"** (dann) und **„ago"** (vor). Aus den angeführten Gründen kann also nur die Antwort (C) als grammatikalisch korrekt bezeichnet werden.

Visuelles Denkvermögen: 106 – 110

Gemischte Aufgaben

106. Wählen Sie den richtigen Dominostein, um die Reihe logisch fortzusetzen.

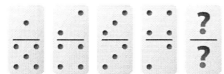

Welcher der Dominosteine von A bis E ergänzt den Dominostein mit den zwei Fragezeichen sinnvoll?

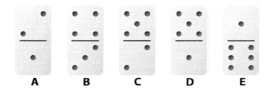

Antwort: **D**

Die untere Zahl muss 1 lauten, die obere Zahl 5.

Oben: 1   2   3   4   5

Unten: 5   4   3   2   1

Die obere Zahl ergibt sich durch eine fortlaufende Addition von eins und die untere durch eben eine solche Subtraktion.

107. Sie sehen ein Quadrat mit acht Mustern. Das neunte Muster soll sinnvoll nach einer bestimmten Regel ergänzt werden.

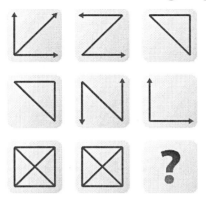

Durch welches der fünf Muster wird das Fragezeichen oben logisch ersetzt?

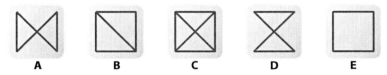

Antwort: **B**

Das Fragezeichen wird durch das Muster B logisch ersetzt.

Gehen Sie von oben nach unten vor.

Links ergeben die zwei oberen Formen addiert die untere.

In der mittleren Reihe ergeben die zwei oberen Formen addiert die untere.

Ebenso ergeben sich in der rechten Reihe aus den oberen beiden Formen die Form B.

108. Aus wie vielen Flächen setzt sich diese Figur zusammen?

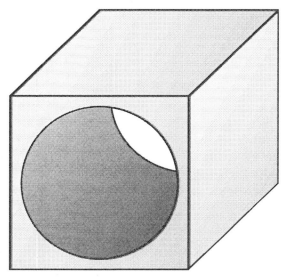

- **A.** 5
- **B.** 6
- **C.** 7
- **D.** 8
- **E.** Keine Antwort ist richtig.

Antwort: **C**

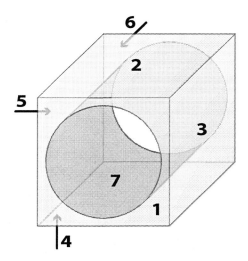

Die Figur besteht aus sieben Flächen. Den sechs Außenflächen des Würfels und der Innenfläche.

109. Sie sehen ein Quadrat mit neun Zahlen. Zwei Zahlen in einer Reihe ergeben durch eine Rechenoperation von oben nach unten und von links nach rechts jeweils die dritte Zahl. Prüfen Sie bitte die Ergebnisse und kreuzen Sie das falsche Ergebnis durch den entsprechenden Buchstaben im Lösungsbogen an.

24	57	81
37	18	65
61	75	136

Welche Zahl in dem Rechteck ist falsch?

A. 61
B. 75
C. 65
D. 81
E. 136

Antwort: **C**

37 + 18 = 55 (von links nach rechts)

Es wird von links nach rechts und von oben nach unten addiert.

$$24 + 57 = 81$$
$$+ \quad + \quad +$$
$$37 + 18 = \boxed{55}$$
$$= \quad = \quad =$$
$$61 + 75 = 136$$

110. Es geht darum, die richtigen Zahlen für die Symbole zu finden. Dabei entsprechen einzelne Symbole einer Zahl von 0 bis 9 und zusammenstehende Symbole einer Zahl von 10 bis 99.

  + =

Welche Zahl muss für den Kreis eingesetzt werden?

A. 2
B. 3
C. 4
D. 5
E. Keine Antwort ist richtig.

Antwort: **D**

In den Kreis ist die Zahl 5 einzusetzen.

Kreis = 5

Dreieck = 0

Viereck = 4

45 + 5 = 50

  + =

Lösungsbogen zur Prüfung 2

Musterfrau	*Anna*	*30. Mai 2009*
Name	**Vorname**	**Datum**
Mittlere Reife	*01234-123456*	*17*
Voraussichtlicher Schulabschluss	**Telefonnummer**	**Alter**
Industriekauffrau		
Bewerbung zum …		

Kreuzen Sie bitte bei der jeweiligen Aufgabe nur einen Buchstaben an. Wenn Sie einen Buchstaben falsch angekreuzt haben sollten, dann machen Sie bitte einen Kreis um das falsche Kreuz und setzen Sie das neue Kreuz bei dem gewünschten Buchstaben ein.

#	Antwort	#	Antwort	#	Antwort	#	Antwort
1.	C	31.	E	61.	B	91.	D
2.	A	32.	E	62.	D	92.	A
3.	D	33.	C	63.	A	93.	D
4.	C	34.	B	64.	B	94.	A
5.	A	35.	E	65.	C	95.	E
6.	C	36.	A	66.	A	96.	A
7.	B	37.	B	67.	D	97.	B
8.	E	38.	A	68.	A	98.	A
9.	D	39.	C	69.	B	99.	B
10.	A	40.	E	70.	D	100.	A
11.	C	41.	B	71.	A	101.	C
12.	B	42.	C	72.	D	102.	C
13.	E	43.	A	73.	A	103.	A
14.	B	44.	D	74.	D	104.	A
15.	D	45.	D	75.	D	105.	D
16.	B	46.	A	76.	E	106.	D
17.	B	47.	C	77.	D	107.	B
18.	B	48.	B	78.	C	108.	D
19.	C	49.	B	79.	B	109.	C
20.	B	50.	E	80.	A	110.	C
21.	C	51.	E	81.	B		
22.	C	52.	E	82.	D		
23.	B	53.	C	83.	E		
24.	C	54.	A	84.	A		
25.	B	55.	A	85.	A		
26.	C	56.	A	86.	A		
27.	B	57.	B	87.	E		
28.	B	58.	D	88.	C		
29.	C	59.	E	89.	E		
30.	D	60.	C	90.	D		

Prüfung 3

Prüfung 3

Allgemeinwissen: 1 – 10

Verschiedene Themen

1. Welches Land gehört nicht zur Europäischen Union?

A. Griechenland
B. Luxemburg
C. Schweiz
D. Slowenien
E. Keine Antwort ist richtig.

Antwort: **C**

Nur wenige westeuropäische Staaten sind nicht Mitglied der EU. Hierzu zählen die Schweiz und Norwegen. Die Schweiz versteht sich als außenpolitisch neutral und tritt nur zögerlich internationalen Organisationen bei. So trat sie auch als eines der letzten Länder der UNO bei.

2. In welcher Stadt hat der Europäische Gerichtshof seinen Sitz?

A. Brüssel
B. Luxemburg
C. Kopenhagen
D. Straßburg
E. Keine Antwort ist richtig.

Antwort: **B**

Der Gerichtshof der Europäischen Gemeinschaften (EuGH) hat seinen Sitz in Luxemburg. Zu seinen Aufgaben zählt insbesondere, die einheitliche Auslegung des europäischen Rechts zu gewährleisten. Er nimmt demgemäß im politischen System der Europäischen Gemeinschaft die Rolle der Judikative ein.

3. In welcher Stadt hat der Europäische Gerichtshof für Menschenrechte seinen Sitz?

A. Brüssel
B. Luxemburg
C. Oslo
D. Straßburg
E. Keine Antwort ist richtig.

Antwort: **D**

Der Europäische Gerichtshof für Menschenrechte (EuGMR) hat seinen Sitz in Straßburg und ist nicht zu verwechseln mit dem Europäischen Gerichtshof. Zuständig ist der Europäische Gerichtshof für Menschenrechte für Beschwerden gegen einen oder mehrere Unterzeichnerstaaten wegen Verletzung der Konvention zum Schutze der Menschenrechte und Grundfreiheiten.

4. In welcher Stadt hat das Europäische Parlament seinen Sitz?

A. Helsinki
B. Kopenhagen
C. Oslo
D. Straßburg
E. Keine Antwort ist richtig.

Antwort: **D**

Das Europaparlament hat seinen Sitz in Straßburg, weitere Dienstorte sind Brüssel und Luxemburg. Das Parlament hat drei wesentliche Aufgaben: Gesetzgebung, Budgetierung und Kontrolle der Europäischen Kommission.

5. Welches ist die Hauptstadt von Estland?

A. Riga
B. Tallinn
C. Oslo
D. Helsinki
E. Keine Antwort ist richtig.

Antwort: **B**

Estland ist ein Staat in Nordeuropa. Es grenzt im Süden an Lettland, im Osten an Russland sowie im Norden und Westen an die Ostsee. Estland wurde 1940 von der Sowjetunion annektiert und stellte erst 1991 nach einem mehrjährigen Prozess der Loslösung von der Sowjetunion seine Souveranität wieder her.

6. Welches ist die Währung der Schweiz?

A. Euro
B. Schilling
C. Franken
D. Krone
E. Keine Antwort ist richtig.

Antwort: **C**

Der Schweizer Franken ist die Währung der Schweiz und des Fürstentums Liechtenstein. Seine ISO-Abkürzung ist CHF, sein Währungszeichen SFr.

7. Welches ist die größte Insel Europas?

A. Irland
B. Insel Man
C. Großbritannien
D. Madagaskar
E. Keine Antwort ist richtig.

Antwort: **C**

Die Insel Großbritannien liegt im Atlantischen Ozean und ist mit einer Fläche von 229.850 km² die achtgrößte Insel der Welt und die größte zu Europa gehörige Insel.

8. Welche der unten aufgeführten Inseln liegt im Mittelmeer?

A. Sumatra
B. Capri
C. Baffin Insel
D. Honshu
E. Keine Antwort ist richtig.

Antwort: **B**

Capri ist eine italienische Felseninsel im Golf von Neapel und hat eine Fläche von 10,4 km².

9. Welches ist der längste Fluss Europas?

A. Donau
B. Elbe
C. Wolga
D. Rhein
E. Keine Antwort ist richtig.

Antwort: **C**

Die Wolga ist mit 3.534 km Länge der längste und wasserreichste Fluss Europas. Sie verläuft im europäischen Teil Russlands und mündet ins Kaspische Meer. Der zweitlängste Fluss ist die Donau mit 2.888 km.

10. Welcher besonders lange Fluss fließt durch Dresden?

A. Donau
B. Elbe
C. Main
D. Rhein
E. Keine Antwort ist richtig.

Antwort: **B**

Die Elbe entspringt in Tschechien, fließt durch Deutschland und mündet in die Nordsee. Als weitere Großstädte durchfließt sie Magdeburg und Hamburg.

Allgemeinwissen: 11 – 20

Fachbezogene Themen

11. Was wird in der Materialwirtschaft unter Einstandspreis verstanden?

A. Es ist der Einkaufspreis, bei dem keine Beschaffungskosten berücksichtigt werden.
B. Es ist der Einkaufspreis, bei dem die Beschaffungskosten berücksichtigt werden.
C. Es ist der Preis, der ohne Berücksichtigung von Skonto gewährt wird.
D. Es ist der Preis, der ohne Berücksichtigung von Rabatt gewährt wird.
E. Keine Antwort ist richtig.

Antwort: **B**

Der Einstandspreis ist der Bezugs- oder Beschaffungspreis. Hierin sind alle Kosten und Preisabschläge enthalten, die für die Beschaffung einer Ware anfallen. So auch die Bezugskosten, die bei der Beschaffung von Gütern entstehen, wie beispielsweise Fracht, Verpackung, Verladung und Transportversicherung. Auf der anderen Seite werden Rabatte, Boni, Skonti und auch mögliche Vorsteuerbezüge zur Berechnung des Einstandspreises abgezogen.

12. Welche Aussage zum Materialbedarf ist richtig?

A. Der Materialbedarf ist dann richtig geplant, wenn er ausschließlich aufgrund der Absatzplanung ermittelt wurde.
B. Der Materialbedarf ist dann richtig geplant, wenn er ausschließlich aufgrund der Produktionsplanung ermittelt wurde.
C. Der Materialbedarf lässt sich aus dem Durchschnitt der letzten Jahre ermitteln.
D. Der Materialbedarf lässt sich bei der verbrauchsorientierten Bedarfsermittlung aus der Produktionsplanung und dem vorhandenen Lagerbestand ermitteln.
E. Keine Antwort ist richtig.

Antwort: **D**

Die Materialbedarfsplanung ist die Bestimmung der Art und Menge an Bedarf zur Produktion in einer bestimmten Planungsperiode. Zur Materialsbedarfsplanung gehören die Überwachung der Bestände und die Erstellung von Beschaffungsvorschlägen für die Produktion und den Einkauf. Es geht darum, die optimale Balance zwischen Minimierung von Kosten und Kapitalbindung sowie bestmöglicher Lieferbedingung zu erreichen.

13. Was ist bei einer Produktionsanlage unter dem Begriff „optimale Kapazität" zu verstehen?

A. Sie gibt die Kapazität an, bei welcher die Anlage verschleißfrei arbeitet.
B. Die optimale Kapazität gibt an, welche Menge an Erzeugnissen maximal produziert werden kann.
C. Die optimale Kapazität gibt die Produktionsmenge an, bei der die Kosten je Erzeugnis am geringsten sind.
D. Die optimale Kapazität besagt, dass die Produktionsanlage zur Herstellung der Erzeugnisse optimal geeignet ist.
E. Keine Antwort ist richtig.

Antwort: **C**

Die optimale Kapazität gibt die Produktionsmenge an, bei der die Kosten je Erzeugnis am geringsten sind.

14. Was sagt ein Beschäftigungsgrad von 70 Prozent aus?

A. Es sagt aus, dass 30 Prozent der Mitarbeiter durch Krankheit oder Urlaub nicht einsetzbar waren.
B. Es sagt aus, dass das Unternehmen nur 70 Prozent der tatsächlich benötigten Arbeitskräfte beschäftigt.
C. Die Gesamtkapazität eines Unternehmens nur zu 70 Prozent genutzt wurde.
D. Es sagt aus, dass die Mitarbeiter nur zu 70 Prozent ausgelastet waren.
E. Keine Antwort ist richtig.

Antwort: **C**

Der Beschäftigungsgrad ist Ausdruck für die tatsächliche Nutzung der Kapazitäten eines Unternehmens. Er gibt an, inwieweit die verfügbare Kapazität auch genutzt wird. Ein Beschäftigungsgrad von 70 Prozent besagt, dass die Gesamtkapazität zu 70 Prozent genutzt wird.

15. Welche Aussage zum Warenzeichen ist falsch?

A. Das Warenzeichen unterscheidet die eigene Ware von fremder.
B. Das Warenzeichen kann gegen Nachahmung beim Bundeskartellamt geschützt werden.
C. Ein nationales Warenzeichen ist beim Deutschen Patent- und Markenamt zu beantragen.
D. Das Deutsche Patent- und Markenamt wacht über die Einhaltung von Markenrechten.
E. Keine Antwort ist richtig.

Antwort: **B**

Ein Warenzeichen, heute auch als Marke bezeichnet, ist ein besonderes, rechtlich geschütztes Zeichen, das dazu dient, Waren oder Dienstleistungen eines Unternehmens von Waren und Dienstleistungen anderer Unternehmen zu unterscheiden. Ein nationales Warenzeichen ist beim Deutschen Patent- und Markenamt und nicht beim Bundeskartellamt zu beantragen.

16. Welche Aussage zum Patent ist falsch?

A. Ein Patent ist ein Schutzrecht, das vom Deutschen Patentamt erteilt wird.
B. Dem Inhaber werden die Verwertungsrechte aus dieser Urkunde verliehen.
C. Um ein Patent zu erlangen, muss eine Patentanmeldung beim Deutschen Patentamt eingereicht werden.
D. Der Entwurf eines neuen Musters ist zu patentieren.
E. Keine Antwort ist richtig.

Antwort: **D**

Ein Patent ist ein hoheitlich erteiltes Schutzrecht auf eine Erfindung. Es steht jedem frei, ein Patent anzumelden, doch ist dazu niemand verpflichtet.

17. Wer ist für die Ausstellung einer Lohnsteuerkarte zuständig?

A. Das Finanzamt
B. Der Arbeitgeber
C. Das Gewerbeamt
D. Die Stadtverwaltung
E. Keine Antwort ist richtig.

Antwort: **D**

Die Lohnsteuerkarte wird von der Gemeinde, also der Stadtverwaltung, des Arbeitnehmers ausgestellt, in der er wohnt, und ist dem Arbeitgeber bei Eintritt in ein Arbeitsverhältnis und in der folgenden Zeit jährlich vorzulegen.

18. Was ist in einem Industriebetrieb unter „Rüstzeit" zu verstehen?

A. Die Zeit, welche zur Einarbeitung eines neuen Mitarbeiters benötigt wird.
B. Die Erholungszeit, welche rechtlich zwischen zwei Arbeitstagen mindestens eingehalten werden sollte.
C. Die für einen Kundenauftrag vorgesehene Fertigungszeit.
D. Die Zeit, welche benötigt wird, um eine Produktionsmaschine umzurüsten bzw. einzustellen.
E. Keine Antwort ist richtig.

Antwort: **D**

Rüsten bedeutet eine Maschine für einen bestimmten Arbeitsvorgang einzurichten, die Zeit, die dazu benötigt wird, ist die Rüstzeit.

19. Was bedeutet die Abkürzung GuV Rechnung?

A Geschäfts- und Vermögensrechnung
B Geld- und Vermögensrechnung
C Gesellschafts- und Vermögensrechnung
D Gewinn- und Verlustrechnung
E Keine Antwort ist richtig.

Antwort: **D**

Die Gewinn- und Verlustrechnung ist neben der Bilanz ein wesentlicher Teil des Jahresabschlusses. Sie stellt Einnahmen und Ausgaben eines bestimmten Zeitraumes, in der Regel eines Geschäftsjahres, dar und weist dadurch die Art, die Höhe und die Quellen des unternehmerischen Erfolges aus. Überwiegen die Einnahmen, ist der Erfolg ein Gewinn, andernfalls ein Verlust.

20. Die Industriehandelsgesellschaft führt eine chaotische Lagerhaltung. Welchen Vorteil hat sie dadurch?

A. Dadurch, dass jedem Lagergut entsprechend dem Lagerplan ein fester Lagerplatz zugeordnet wird, kann das benötigte Material schnell und einfach gefunden werden.

B. Dadurch, dass jedem Lagergut entsprechend dem Lagerplan ein fester Lagerplatz zugeordnet wird, kann ein kleineres Lager gehalten werden.

C. Bei der chaotischen Lagerhaltung wird jedes Lagergut dort untergebracht, wo gerade Platz ist, sodass ein kleineres Lager gehalten werden kann.

D. Bei der chaotischen Lagerhaltung wird jedes Lagergut dort untergebracht, wo gerade Platz ist, sodass das benötigte Material auch ohne EDV schnell und einfach gefunden werden kann.

E. Keine Antwort ist richtig.

Antwort: **C**

Bei der chaotischen Lagerhaltung werden die Güter nach keinem festen Ordnungssystem abgelegt. Die Ablageplätze werden zufällig verteilt, um dadurch die Fahrwege so zu optimieren, dass Waren schnell eingelagert und entnommen werden können. So ermöglicht die chaotische Lagerhaltung die Optimierung der Nutzung der Lagerfläche und der Wege.

Mathematik: 21 – 25

Zinsrechnen

Bei der kaufmännischen Zinsrechnung werden dem Monat 30 Tage und dem Jahr 360 Tage zugrunde gelegt.

21. Wie viel Zinsen erhält Herr Mayer nach einem Jahr von der Bank, wenn er einen Betrag von 30.000 € zu sechs Prozent fest anlegt?

A. 1.200 €
B. 1.400 €
C. 1.600 €
D. 1.800 €
E. Keine Antwort ist richtig.

Antwort: **D**

Herr Mayer erhält für die Anlage 1.800 € Zinsen.

$$\text{Zinsen} = \frac{\text{Kapital} \times \text{Zinssatz} \times \text{Tage}}{100 \times 360\,d}$$

$$\text{Zinsen} = \frac{30.000\,€ \times 6 \times 360\,d}{100 \times 360\,d} = 1.800\,€$$

22. Herr Mayer möchte seinen Anlagevertrag vorzeitig auflösen und hebt den Betrag von 30.000 € nach drei Monaten ab. Wie viel Zinsen erhält er für die drei Monate, wenn das Geld zu sechs Prozent verzinst wird?

A. 350 €
B. 450 €
C. 550 €
D. 650 €
E. Keine Antwort ist richtig.

Antwort: **B**

Herr Mayer erhält für die drei Monate 450 € Zinsen.

$$\text{Zinsen} = \frac{\text{Kapital} \times \text{Zinssatz} \times \text{Tage}}{100 \times 360\,d}$$

$$\text{Zinsen} = \frac{30.000 \times 6 \times 90\,d}{100 \times 360\,d} = 450\,€$$

23. Für eine Festgeldanlage erhält Herr Mayer nach einem Jahr 1.800 € Zinsen bei einer Verzinsung von fünf Prozent. Welchen Betrag hat Herr Mayer vor einem Jahr angelegt?

- A. 28.000 €
- B. 36.000 €
- C. 44.000 €
- D. 50.000 €
- E. Keine Antwort ist richtig.

Antwort: **B**

Herr Mayers Festgeldanlage beträgt 36.000 €.

$$\text{Kapital} = \frac{\text{Zinsen} \times 100 \times 360\,d}{\text{Zinssatz} \times \text{Tage}}$$

$$\text{Kapital} = \frac{1.800\,\text{€} \times 100 \times 360\,d}{5 \times 360\,d} = 36.000\,\text{€}$$

24. Herr Mayer hat für eine Anlage von 30.000 € in vier Monaten 600 € Zinsen erhalten. Wie hoch ist der Zinssatz?

- A. 4 %
- B. 5 %
- C. 6 %
- D. 7 %
- E. Keine Antwort ist richtig.

Antwort: **C**

Der Zinssatz betrug sechs Prozent.

$$\text{Zinssatz} = \frac{\text{Zinsen} \times 100 \times 360\,d}{\text{Kapital} \times \text{Tage}}$$

$$\text{Zinssatz} = \frac{600\,\text{€} \times 100 \times 360\,d}{30.000\,\text{€} \times 120\,d} = 6\,\%$$

25. Um sich ein neues Auto leisten zu können, möchte Herr Mayer eine Geldanlage von 30.000 € kündigen. Bei einem Jahreszins von sechs Prozent hat er 750 € erhalten. Wie lange bestand die Anlage?

A. 100 Tage
B. 120 Tage
C. 160 Tage
D. 180 Tage
E. Keine Antwort ist richtig.

Antwort: **E**

Die Anlage bestand 150 Tage.

$$\text{Tage} = \frac{\text{Zinsen} \times 100 \times 360\,d}{\text{Kapital} \times \text{Zinssatz}}$$

$$\text{Tage} = \frac{750\,€ \times 100 \times 360\,d}{30.000\,€ \times 6} = 150\,d$$

Mathematik: 26 – 30

Prozentrechnen

Bei der Prozentrechnung gibt es drei Größen, die zu beachten sind, den Prozentsatz, den Prozentwert und den Grundwert. Zwei dieser Größen müssen gegeben sein, um die dritte Größe berechnen zu können.

26. Die Max Mayer Industriegesellschaft produziert in einem Jahr 14.000 Stahlträger. Davon werden 4.200 Stück ins Ausland exportiert. Wie viel Prozent beträgt der Exportanteil?

    A. 20 %
    B. 25 %
    C. 30 %
    D. 40 %
    E. Keine Antwort ist richtig.

Antwort: **C**

Der Exportanteil beträgt 30 %.

$$\text{Prozentsatz} = \frac{\text{Prozentwert} \times 100}{\text{Grundwert}}$$

$$\text{Prozentsatz} = \frac{4.200 \text{ Stk.} \times 100}{14.000 \text{ Stk.}} = 30\,\%$$

27. Wie hoch wäre der Gewinn, wenn Herr Mayer eine Warenlieferung von 22.500 € direkt für 29.250 € weiterverkauft?

    A. 30 %
    B. 40 %
    C. 50 %
    D. 60 %
    E. Keine Antwort ist richtig.

Antwort: **A**

Herr Mayer würde einen Gewinn von 30 % erzielen.

Gewinn = 29.250 € - 22.500 € = 6.750 €

$$\text{Prozentsatz} = \frac{\text{Prozentwert} \times 100}{\text{Grundwert}}$$

$$\text{Prozentsatz} = \frac{6.750\,€ \times 100}{22.500\,€} = 30\,\%$$

28. Bei einer 15 Prozent Rabattaktion bietet Herr Mayer seinem Kunden ein hochwertiges Stahldach für 3.825 € an. Was kostet ein Stahldach regulär?

A. 3.900 €
B. 4.100 €
C. 4.300 €
D. 4.500 €
E. Keine Antwort ist richtig.

Antwort: **D**

Das Stahldach hätte regulär ohne Rabatt 4.500 € gekostet.

$$\text{Grundwert} = \frac{\text{Prozentwert} \times 100}{\text{Prozentsatz}}$$

$$\text{Grundwert} = \frac{3.825\,€ \times 100}{85} = 4.500\,€$$

29. Der Kauf eines Sonderpostens an Stahl soll über die Bank finanziert werden. Nach einem Jahr würde bei einem Zinssatz von sechs Prozent inklusive Zinsen ein Betrag von 14.840 € zu zahlen sein. Wie viel kostet der Sonderposten im Einkauf?

A. 13.800 €
B. 14.000 €
C. 14.200 €
D. 14.800 €
E. Keine Antwort ist richtig.

Antwort: **B**

Der Sonderposten hat im Einkauf 14.000 € gekostet.

$$\text{Grundwert} = \frac{\text{Prozentwert} \times 100}{\text{Prozentsatz}}$$

$$\text{Grundwert} = \frac{14.840\,€ \times 100}{106} = 14.000\,€$$

30. Die Max Mayer Industriegesellschaft beschäftigt 1.500 Mitarbeiter. Im Durchschnitt sind 8 % der Belegschaft krank. Wie viel Beschäftigte sind im Durchschnitt krank?

A. 80 Beschäftigte
B. 100 Beschäftigte
C. 120 Beschäftigte
D. 150 Beschäftigte
E. Keine Antwort ist richtig.

Antwort: **C**

Im Durchschnitt sind 120 Beschäftigte krank.

$$\text{Prozentwert} = \frac{\text{Grundwert} \times \text{Prozentsatz}}{100}$$

$$\text{Prozentwert} = \frac{1.500 \times 8}{100} = 120$$

Mathematik: 31 – 40

Gemischte Aufgaben 1

Zur Herstellung von Fertigerzeugnissen werden verschiedene Bauteile und Materialien benötigt. Es gibt verschiedene Darstellungsformen, in der alle Einzelteile und Informationen aufgeführt sind, die zur Herstellung eines Fertigerzeugnisses benötigt werden. Ihnen liegt die folgende Stückliste vor:

Stückliste	Materialnr. I	Materialnr. II	Materialnr. III
Bauteil A	3	2	4
Bauteil B	4	1	0
Bauteil C	2	1	1

Stückliste	Bauteil A	Bauteil B	Bauteil C
Fertigerzeugnis D	2	0	0
Fertigerzeugnis E	1	2	0
Fertigerzeugnis F	1	2	1

Hinweis: Für die Herstellung von Fertigerzeugnissen werden Bauteile benötigt, die aus verschiedenen Materialien hergestellt werden.

31. Wie viele Materialstücke werden insgesamt zur Herstellung des Bauteils A benötigt?

A. 4
B. 6
C. 8
D. 9
E. Keine Antwort ist richtig.

Antwort: **D**

Es werden insgesamt 9 Materialien benötigt.

3 × Material I + 2 × Material II + 4 × Material III = 9

32. Wie viele Materialstücke werden insgesamt zur Herstellung des Fertigerzeugnisses D benötigt?

A. 9
B. 18
C. 28
D. 36
E. Keine Antwort ist richtig.

Antwort: **B**

Es werden insgesamt 18 Materialien benötigt.

2 × Bauteil A = 2 × (3 × Material I + 2 × Material II + 4 × Material III) = 2 × 9 = 18

33. Wie viele Materialstücke werden insgesamt zur Herstellung des Fertigerzeugnisses E benötigt?

A. 14
B. 18
C. 19
D. 26
E. Keine Antwort ist richtig.

Antwort: **C**

Es werden insgesamt 19 Materialien benötigt.

1 × Bauteil A = 3 × Material I + 2 × Material II + 4 × Material III = 9

2 × Bauteil B = 2 × (4 × Material I + 1 × Material II) = 10

9 + 10 = 19 Stücke

34. Wie viele Materialstücke werden insgesamt zur Herstellung des Fertigerzeugnisses F benötigt?

A. 18
B. 23
C. 26
D. 36
E. Keine Antwort ist richtig.

Antwort: **B**

Es werden insgesamt 23 Materialien benötigt.

1 × Bauteil A = 3 × Material I + 2 × Material II + 4 × Material III = 9

2 × Bauteil B = 2 × (4 × Material I + 1 × Material II) = 10

1 × Bauteil C = 2 × Material I + 1 × Material II + 1 × Material III = 4

9 + 10 + 4 = 23 Stücke

35. Wie viele Materialstücke werden insgesamt benötigt, wenn von Fertigerzeugnissen D und E jeweils ein Stück hergestellt werden soll?

A. 27
B. 37
C. 41
D. 52
E. Keine Antwort ist richtig.

Antwort: **B**

Es werden insgesamt 37 Materialien benötigt.

Fertigerzeugnis D: 18 Stücke

Fertigerzeugnis E: 19 Stücke

Summe Materialien = 18 + 19 = 37

36. Wie viele Materialien I werden benötigt, wenn vom Fertigerzeugnis F ein Stück hergestellt werden soll?

A. 9
B. 13
C. 23
D. 36
E. Keine Antwort ist richtig.

Antwort: **B**

Es werden insgesamt 13 „Materialien I" benötigt.

Fertigerzeugnis F: 1 × Bauteil A + 2 × Bauteil B + 1 × Bauteil C

1 × Bauteil A: 3

2 × Bauteil B: 4

1 × Bauteil C: 2

Summe Materialien I = 3 + (2 × 4) + 2 = 13

37. Wie viel Prozent der Einzelteile eines Fertigerzeugnisses D macht das Material I aus?

A. 33,33 %
B. 44,44 %
C. etwas weniger als die Hälfte
D. etwas mehr als die Hälfte
E. Keine Antwort ist richtig.

Antwort: **A**

Das Material I macht 33,33 Prozent der Einzelteile in einem Fertigerzeugnis D aus.

Bauteil A: $2 \times (3 + 2 + 4) = 18$

Material I = $2 \times 3 = 6$

$$\text{Prozentsatz} = \frac{\text{Prozentwert} \times 100}{\text{Grundwert}}$$

$$\text{Prozentsatz} = \frac{6 \times 100}{18} = 33,33\,\%$$

38. Zur Produktion von Fertigerzeugnis D stehen die unten aufgeführten Mengen an Einzelteilen bereit. Wie viele Fertigerzeugnisse D lassen sich daraus herstellen?

Material „I"   : 18
Material „II" : 12
Material „III" : 24

A. 1
B. 2
C. 3
D. 4
E. Keine Antwort ist richtig.

Antwort: **C**

Aus den gegebenen Materialien lassen sich drei Fertigerzeugnisse D herstellen.

Fertigerzeugnis D = 2 × Bauteil A

2 × Material I = 6

2 × Material II = 4

2 × Material III = 8

18 ÷ 6 = 3

12 ÷ 4 = 3

24 ÷ 8 = 3

39. Für die Produktion welches Fertigerzeugnisses werden die meisten Materialstücke benötigt?
- **A.** Fertigerzeugnis D
- **B.** Fertigerzeugnis E
- **C.** Fertigerzeugnis F
- **D.** Fertigerzeugnis D, E und F benötigen gleich viel Materialstücke.
- **E.** Keine Antwort ist richtig.

Antwort: **C**

Für das Fertigerzeugnis F werden die meisten Materialien benötigt.

Fertigerzeugnis D = 18

2 × (3 + 2 + 4) = 18

Fertigerzeugnis E = 19

(3 + 2 + 4) + (2 × (4 + 1)) = 19

Fertigerzeugnis F = 23

(3 + 2 + 4) + (2 × (4 + 1)) + (2 + 1 + 1) = 23

40. Für einen Kundenauftrag werden 5 Fertigerzeugnisse F benötigt. Wie viel Bauteile A, B, C werden insgesamt zur Herstellung benötigt?

- A. 15
- B. 20
- C. 25
- D. 30
- E. Keine Antwort ist richtig.

Antwort: **B**

Für das Fertigerzeugnis F werden die meisten Materialien benötigt.

Fertigerzeugnis F : Bauteil A + 2 × Bauteil B + Bauteil C

$5 \times (1 + 2 + 1) = 20$

Mathematik: 41 – 45

Gemischte Aufgaben 2

41. Für einen Kundenauftrag werden mit sechs Mitarbeitern 50 Stunden benötigt. Wie lange würden zwei Mitarbeiter für den gleichen Kundenauftrag benötigen?

- A. 120 Stunden
- B. 140 Stunden
- C. 150 Stunden
- D. 170 Stunden
- E. Keine Antwort ist richtig.

Antwort: **C**

Zwei Mitarbeiter würden 150 Stunden für den Auftrag benötigen.

6 × 50 h = 300 h

300 h ÷ 2 = 150 h

42. Für einen Kundenauftrag benötigen sechs Mitarbeiter 50 Stunden. Wie viele Mitarbeiter müssten eingesetzt werden, um nach 20 Stunden fertig zu werden?

- A. 12 Mitarbeiter
- B. 13 Mitarbeiter
- C. 14 Mitarbeiter
- D. 15 Mitarbeiter
- E. Keine Antwort ist richtig.

Antwort: **D**

Es müssten 15 Mitarbeiter eingesetzt werden, um den Auftrag in 20 Stunden zu bewältigen.

6 × 50 h = 300 h Gesamtzeit

300 h ÷ 20 h = 15 Mitarbeiter

43. Herr Mayer möchte einen wichtigen Kundenauftrag rechtzeitig fertig stellen. Sechs Mitarbeiter würden für den Auftrag 50 Stunden benötigen. Da Herr Mayer den Termin einhalten möchte, müssen zwei weitere Mitarbeiter eingesetzt werden. Wie lange dauert jetzt die Fertigstellung des Auftrags?

- **A.** 24 h und 30 min
- **B.** 30 h und 50 min
- **C.** 37 h und 50 min
- **D.** 37 h und 30 min
- **E.** Keine Antwort ist richtig.

Antwort: **D**

Die Fertigstellung des Auftrages würde 37,5 Stunden dauern.

6 × 50 h = 300 h Gesamtzeit

300 h ÷ 8 = 37,5 h = 37 h und 30 min

44. In einem Teil der Produktionshalle soll der Boden neu verlegt werden. Der Teil der Halle ist 25 Meter breit und 68 Meter lang. Für die Fläche werden 850 Platten benötigt. Wie viel Quadratmeter hat eine Bodenplatte?

- **A.** $\frac{1}{2}$ m²
- **B.** $\frac{2}{3}$ m²
- **C.** $\frac{6}{3}$ m²
- **D.** $\frac{4}{3}$ m²
- **E.** Keine Antwort ist richtig.

Antwort: **C**

Eine Bodenplatte hat eine Fläche von zwei Quadratmeter.

25 m × 68 m = 1.700 m²

1.700 m² ÷ 850 Platten = 2 m² = $\frac{6}{3}$ m²

45. Um einen Boden von 25 Meter Breite und 68 Meter Länge zu verlegen, werden 850 Bodenplatten benötigt. Wie viele Bodenplatten werden für eine Fläche von 2.500 Quadratmeter benötigt?

- A. 800 Bodenplatten
- B. 1.000 Bodenplatten
- C. 1.250 Bodenplatten
- D. 1.500 Bodenplatten
- E. Keine Antwort ist richtig.

Antwort: **C**

Für 2.500 Quadratmeter Boden werden 1.250 Bodenplatten benötigt.

25 m × 68 m = 1.700 m²

1.700 m² ÷ 850 Platten = 2 m² pro Bodenplatte

2.500 m² ÷ 2 m² = 1.250 Bodenplatten

Mathematik: 46 – 55

Gemischte Aufgaben 3

46. Der Auszubildende Müller hat 72 € und sein Freund 48 € im Portemonnaie. Welchen Betrag müsste Auszubildender Müller an seinen Freund abgeben, damit beide gleich viel haben?

- A. 8 €
- B. 10 €
- C. 12 €
- D. 14 €
- E. Keine Antwort ist richtig.

Antwort: **C**

Auszubildender Müller muss zwölf Euro an seinen Freund abtreten, damit jeder von beiden 60 Euro einstecken hat.

72 € + 48 € = 120 €

120 € ÷ 2 = 60 €

72 € - 60 € = 12 €

---

47. Herr Mayer und seine beiden Gesellschafter möchten als Eigentümer die Kosten für eine neue Produktionshalle übernehmen. Gesellschafter A möchte ⅓ der Kosten und Gesellschafter B ¼ der Kosten übernehmen. Den Rest der Kosten von 250.000 Euro übernimmt Herr Mayer. Wie viel Euro kostet die Produktionshalle?

- A. 500.000 €
- B. 600.000 €
- C. 640.000 €
- D. 760.000 €
- E. Keine Antwort ist richtig.

Antwort: **B**

Die Produktionshalle kostet 600.000 €.

$$\frac{1}{3}x + \frac{1}{4}x + 250.000\,€ = x$$

$$\frac{4}{12}x + \frac{3}{12}x + 250.000\,€ = \frac{12}{12}x$$

$$\frac{7}{12}x + 250.000\,€ = \frac{12}{12}x$$

$$250.000\,€ = \frac{12}{12}x - \frac{7}{12}x$$

$$250.000\,€ = \frac{5}{12}x$$

x = 250.000 € × 12 ÷ 5 = 600.000 €

---

48. Eine Lagerhalle von 15 m x 30 m soll um ⅓ nach beiden Richtungen verlängert werden. Wie viel Quadratmeter hat die Lagerhalle nach der Vergrößerung?

- **A.** 400 m²
- **B.** 500 m²
- **C.** 600 m²
- **D.** 800 m²
- **E.** Keine Antwort ist richtig.

Antwort: **D**

Die Lagerhalle hätte eine Größe von 800 m²

$$15\,m + \frac{15}{3}\,m = 20\,m \text{ Breite}$$

$$30\,m + \frac{30}{3}\,m = 40\,m \text{ Länge}$$

20 m × 40 m = 800 m²

---

49. An der Max Mayer Industriegesellschaft ist Gesellschafter A mit 800.000 €, Gesellschafter B mit 500.000 € und Gesellschafter C mit 200.000 € weniger als Gesellschafter B beteiligt. Der Gewinn in Höhe von 480.000 € soll nach dem Verhältnis der Beteiligung verteilt werden. Wie viel Gewinn entfallen auf den Gesellschafter mit der geringsten Beteiligung?

- **A.** 60.000 €
- **B.** 80.000 €
- **C.** 90.000 €
- **D.** 100.000 €
- **E.** Keine Antwort ist richtig.

Antwort: **C**

Gesellschafter C erhält mit der geringsten Beteiligung einen Gewinn von 90.000 €.

800.000 € + 500.000 € + 300.000 € = 1.600.000 € Gesamtvermögen

Gesellschafter C = 300.000 ÷ 1.600.000 × 480.000 € = 90.000 € Gewinn

---

50. In einer Kantine wird von der Belegschaft, bestehend aus 140 Personen, in 5 Tagen 266 kg Obst verzehrt. Wie viel Kilogramm Obst würden im gleichen Zeitraum verbraucht, wenn die Belegschaft um 10 Personen aufgestockt würde?

A. 192 kg
B. 195 kg
C. 285 kg
D. 290 kg
E. Keine Antwort ist richtig.

Antwort: **C**

Es werden 285 kg Obst benötigt.

140 + 10 = 150 Personen

266 kg ÷ 140 × 150 = 285 kg Obst

---

51. Die Max Mayer Industriegesellschaft erhält eine Lieferung von 240 Kupferblechen. Davon sind 1/5 beschädigt und 1/4 haben die falsche Größe. Wie viele Kupferbleche müssen zurückgeschickt werden?

A. 96 Stück
B. 102 Stück
C. 108 Stück
D. 120 Stück
E. Keine Antwort ist richtig.

Antwort: **C**

Es müssen 108 Kupferbleche zurückgeschickt werden.

240 × 1/5 = 48 Stück defekt

240 × 1/4 = 60 Stück falsche Größe

48 + 60 = 108 Stück

52. Für eine Warenlieferung werden inklusive 19 Prozent Mehrwertsteuer 28.560 € gezahlt. Wie hoch ist der Anteil der Mehrwertsteuer?

A. 4.318 €
B. 4.497 €
C. 4.518 €
D. 4.560 €
E. Keine Antwort ist richtig.

Antwort: **D**

Die Mehrwertsteuer beträgt 4.560 €.

$$\text{Grundwert} = \frac{\text{Prozentwert} \times 100}{\text{Prozentsatz}}$$

$$\text{Grundwert} = \frac{28.560\,€ \times 100}{119\,\%} = 24.000\,€$$

Mehrwertsteuer = 28.560 € - 24.000 € = 4.560 €

---

53. Der Tag vor vorgestern liegt drei Tage nach Samstag. Welcher Tag ist heute?

A. Mittwoch
B. Donnerstag
C. Freitag
D. Samstag
E. Keine Antwort ist richtig.

Antwort: **C**

Heute ist Freitag.

Freitag (heute), Donnerstag (gestern), Mittwoch (vorgestern), Dienstag (Tag vor vorgestern).

Samstag + 3 Tage = Dienstag

Dienstag + 3 Tage = Freitag

54. Wie viele Sekunden haben 4,5 Tage?

A. 388.800 Sekunden
B. 389.000 Sekunden
C. 390.600 Sekunden
D. 390.800 Sekunden
E. Keine Antwort ist richtig.

Antwort: **A**

4,5 Tagen haben 388.800 Sekunden

4,5 d × 24 = 108 h

108 h × 60 = 6.480 min

6.480 min × 60 = 388.800 s

55. Teilen Sie die Zahl 40 durch 0,5 und zählen Sie 40 dazu. Wie lautet das Ergebnis?

A. 40
B. 60
C. 80
D. 120
E. Keine Antwort ist richtig.

Antwort: **D**

Das Ergebnis lautet 120.

40 ÷ 0,5 = 80

80 + 40 = 120

Mathematik: 56 – 60

Gemischte Aufgaben 4

Gewinn- und Verlustkonto der Max Mayer Industriegesellschaft

Aufwand	in €	Ertrag	in €
Rohstoffe	8.000	Umsatzerlöse	50.000
Hilfsstoffe	2.000		
Betriebsstoffe	1.000		
Löhne und Gehälter	22.000		
Miete	3.000		
Bürobedarf	500		
Instandhaltung	200		
Betriebssteuern	300		
Gewinn	?		
Summe	50.000	Summe	50.000

56. Für welchen Posten entsteht der größte Aufwand?

A. Roh, Hilfs- und Betriebsstoffe
B. Rohstoffe und Miete
C. Löhne und Gehälter
D. Betriebssteuern
E. Keine Antwort ist richtig.

Antwort: **C**

Für Löhne und Gehälter entsteht der größte Aufwand.

Löhne und Gehälter = 22.000 €

57. Wie hoch ist der Gesamtaufwand?

A. 36.600 €
B. 37.000 €
C. 37.500 €
D. 38.800 €
E. Keine Antwort ist richtig.

Antwort: **B**

Der Gesamtaufwand beträgt 37.000 €.

8.000 € + 2.000 € + 1.000 € + 22.000 € + 3.000 € + 500 € + 200 € + 300 € = 37.000 €

---

58. Wie hoch ist der Gewinn?

- A. 11.000 €
- B. 12.000 €
- C. 13.000 €
- D. Es liegt ein Verlust vor.
- E. Keine Antwort ist richtig.

Antwort: **C**

Der Gewinn beträgt 13.000 €.

Umsatz – Aufwand = Gewinn

50.000 € – 37.000 € = 13.000 €

---

59. Wie viel Gewinn könnte die Gesellschaft erzielen, wenn die Umsätze bei gleichen Ausgaben um 20 % gesteigert werden könnten?

- A. 13.000 €
- B. 18.000 €
- C. 23.000 €
- D. 25.000 €
- E. Keine Antwort ist richtig.

Antwort: **C**

Der Gewinn würde 23.000 € betragen.

$$\text{Prozentwert} = \frac{\text{Grundwert} \times \text{Prozentsatz}}{100}$$

$$\text{Prozentwert} = \frac{50.000\ € \times 120}{100} = 60.000\ €$$

Ertrag - Aufwand = Gewinn

60.000 € - 37.000 € = 23.000 €

60. Um wie viel € müssten die Ausgaben gesenkt werden, um den Gewinn um zwei Prozent zu steigern?

A. 80 €
B. 240 €
C. 260 €
D. 1300 €
E. Keine Antwort ist richtig.

Antwort: **C**

Die Ausgaben müssten um 260 € gesenkt werden.

Umsatz − Aufwand = Gewinn

50.000 € − 37.000 € = 13.000 €

$$\text{Prozentwert} = \frac{\text{Grundwert} \times \text{Prozentsatz}}{100}$$

$$\text{Prozentwert} = \frac{13.000\,€ \times 2}{100} = 260\,€$$

Mathematik: 61 – 65

Gemischte Aufgaben 5

61. Die Max Mayer Industriegesellschaft kauft während eines Jahres zu folgenden Preisen Heizöl:

10.000 l zu 0,45 € pro l,
12.000 l zu 0,42 € pro l,
8.000 l zu 0,48 € pro l,
6.000 l zu 0,49 € pro l.

Wie hoch ist der durchschnittliche Heizölpreis pro Liter? Runden Sie das Ergebnis auf zwei Nachkommastellen.

A. 0,42 €
B. 0,45 €
C. 0,48 €
D. 0,49 €
E. Keine Antwort ist richtig.

Antwort: **B**

Der durchschnittliche Heizölpreis pro Liter beträgt 0,45 €.

10.000 l × 0,45 € = 4.500 €

12.000 l × 0,42 € = 5.040 €

8.000 l × 0,48 € = 3.840 €

6.000 l × 0,49 € = 2.940 €

Summe: 36.000 l für 16.320 €

16.320 € ÷ 36.000 l = 0,453 €

62. Die Max Mayer Industriegesellschaft möchte die Heizölkosten in Höhe von 14.700 € auf die einzelnen Abteilungen nach ihrem jeweiligen Verbrauch verteilen. Als Verteilungsschlüssel soll die Quadratmeterzahl der jeweiligen Abteilungen zugrunde gelegt werden.

**Verwaltung : 320 m²,
Produktion 820 m²,
Lager 1.800 m².**

Wie hoch ist der Heizkostenanteil für die Verwaltung?

A. 1.200 €
B. 1.400 €
C. 1.600 €
D. 1.800 €
E. Keine Antwort ist richtig.

Antwort: **C**

Der Heizkostenanteil für die Verwaltung beträgt 1.600 €.

320 m² + 820 m² + 1.800 m² = 2.940 m²

14.700 € ÷ 2.940 m² = 5 € pro m²

320 m² × 5 € = 1.600 €

63. Der Reingewinn der Max Mayer Industriegesellschaft beträgt 162.000 € und soll wie folgt verteilt werden: Vom Gewinn erhält Gesellschafter A für die Geschäftsführung vorab 42.000 €. Der Restgewinn soll im Verhältnis 4 : 3 : 1 an die Gesellschafter A, B und C verteilt werden. Wie viel Geld erhält der Gesellschafter A insgesamt?

A. 60.000 €
B. 80.000 €
C. 92.000 €
D. 102.000 €
E. Keine Antwort ist richtig.

Antwort: **D**

Gesellschafter A erhält insgesamt 102.000 € vom Gewinn.

162.000 € - 42.000 € = 120.000 €

120.000 € ÷ 8 Teile = 15.000 €

Gesellschafter A:

15.000 € × 4 Teile = 60.000 €

60.000 € + 42.000 € = 102.000 €

---

64. Die Max Mayer Industriegesellschaft konnte den Gewinn im Monat März um 5 % gegenüber dem Vormonat steigern. Im Februar konnte bereits der Gewinn gegenüber Januar um 4 % gesteigert werden. Nach den beiden Steigerungen beträgt der Gewinn jetzt im März 198.744 €. Wie hoch war der Gewinn im Januar?

A. 180.255 €
B. 181.000 €
C. 181.550 €
D. 182.000 €
E. Keine Antwort ist richtig.

Antwort: **D**

Der Gewinn betrug im Januar 182.000 €.

$$\text{Prozentwert} = \frac{\text{Grundwert} \times \text{Prozentsatz}}{100}$$

$$\text{Prozentwert} = \frac{198.744\,€ \times 100}{105} = 189.280\,€$$

$$\text{Prozentwert} = \frac{189.280\,€ \times 100}{104} = 182.000\,€$$

65. Die Max Mayer Industriegesellschaft bietet die Produkte A, B und C an. Für das abgelaufene Kalenderjahr liegen die folgenden Umsätze vor:

Produkt	Quartal 1	Quartal 2	Quartal 3	Quartal 4
A	8.200 €	10.100 €	12.100 €	8.300 €
B	16.500 €	15.200 €	14.500 €	7.980 €
C	15.400 €	16.900 €	15.020 €	14.600 €

Wie hoch ist der Umsatzanteil von Produkt A?

A. 15 %
B. 20 %
C. 25 %
D. 30 %
E. Keine Antwort ist richtig.

Antwort: **C**

Der Umsatzanteil von Produkt A beträgt 25 %.

Produkt A: 8.200 € + 10.100 € + 12.100 € + 8.300 € = 38.700 €

Produkt B: 16.500 € + 15.200 € + 14.500 € + 7.980 € = 54.180 €

Produkt C: 15.400 € + 16.900 € + 15.020 € + 14.600 € = 61.920 €

Summe: 38.700 € + 54.180 € + 61.920 € = 154.800 €

$$\text{Prozentsatz} = \frac{\text{Prozentwert} \times 100}{\text{Grundwert}}$$

$$\text{Prozentsatz} = \frac{38.700 \text{ €} \times 100}{154.800 \text{ €}} = 25\%$$

Logisches Denken: 66 – 75

Zahlenreihen

66.

| 4 | 6 | 10 | 12 | 16 | ? |

- A. 10
- B. 12
- C. 18
- D. 16
- E. Keine Antwort ist richtig.

Antwort: **C**

+2 | +4 | +2 | +4 | +2

67.

| 20 | 16 | 20 | 16 | 20 | ? |

- A. 14
- B. 16
- C. 18
- D. 20
- E. Keine Antwort ist richtig.

Antwort: **B**

-4 | +4 | -4 | +4 | -4

68.

| 14 | 16 | 20 | 26 | 34 | ? |

- A. 38
- B. 40
- C. 42
- D. 44
- E. Keine Antwort ist richtig.

Antwort: **D**

+2 | +4 | +6 | +8 | +10

69.

| 300 | 200 | 300 | 220 | 300 | 240 | 300 | ? |

- A. 260
- B. 280
- C. 300
- D. 320
- E. Keine Antwort ist richtig.

Antwort: **A**

300 | 200 | 300 | 200+20 | 300 | 200+40 | 300 | 200+60

Behalten Sie die Zahl 300 fortlaufend bei und addieren Sie auf die nächste Zahl jeweils 20.

70.

| 32 | 8 | 12 | 3 | ? |

- A. 7
- B. 8
- C. -8
- D. 9
- E. Keine Antwort ist richtig.

Antwort: **A**

÷4 | +4 | ÷4 | +4

71.

| 60 | 54 | 49 | 45 | 42 | ? |

- **A.** 39
- **B.** 48
- **C.** 40
- **D.** 45
- **E.** Keine Antwort ist richtig.

Antwort: **C**

-6 | -5 | -4 | -3 | -2

72.

| 8 | 6 | 18 | 16 | 48 | ? |

- **A.** 46
- **B.** 138
- **C.** 148
- **D.** 32
- **E.** Keine Antwort ist richtig.

Antwort: **A**

-2 | ×3 | -2 | ×3 | -2

73.

| 2 | 6 | 4 | 6 | 16 | 6 | ? |

- A. 8
- B. 16
- C. 32
- D. 64
- E. Keine Antwort ist richtig.

Antwort: **C**

2 | 6 | 2×2 | 6 | 4×2 | 6 | 8×2 | 6 | 16×2

Behalten Sie die Zahl 6 fortlaufend bei und multiplizieren Sie die vorhergehende Zahl jeweils mit 2.

74.

- A. 420
- B. 178
- C. 480
- D. 189
- E. Keine Antwort ist richtig.

Antwort: **C**

×2 | ×3 | ×4 | ×5

75.

| 224 | 112 | 56 | 28 | 14 | ? |

- A. 10
- B. 0
- C. 7
- D. 20
- E. Keine Antwort ist richtig.

Antwort: **C**

÷2 | ÷2 | ÷2 | ÷2 | ÷2

Sprachverständnis: 76 – 80

Fremdwörter

Ordnen Sie den Fremdwörtern die richtige Bedeutung zu, indem Sie den Aufgaben im Lösungsbogen die korrekten Buchstaben zuordnen.

Fremdwort	Bedeutung
76. explizit	A. ausführlich
77. eruieren	B. realistisch
78. sukzessiv	C. aufeinander folgend
79. phlegmatisch	D. ermitteln
80. pragmatisch	E. träge

Lösung

Fremdwort	Bedeutung
76. explizit	A. ausführlich
77. eruieren	D. ermitteln
78. sukzessiv	C. aufeinander folgend
79. phlegmatisch	E. träge
80. pragmatisch	B. realistisch

Sprachverständnis: 81 – 85

Gegenteilige Begriffe

Ordnen Sie den Begriffen die gegenteilige Bedeutung zu, indem Sie den Aufgaben im Lösungsbogen die korrekten Buchstaben zuordnen.

Begriffe		Gegenteilige Begriffe
81. immer	A.	leeren
82. multiplizieren	B.	erzählen
83. jeder	C.	nie
84. schweigen	D.	niemand
85. füllen	E.	dividieren

Lösung

Begriffe		Gegenteilige Begriffe
81. immer	C.	nie
82. multiplizieren	E.	dividieren
83. jeder	D.	niemand
84. schweigen	B.	erzählen
85. füllen	A.	leeren

Logisches Denkvermögen: 86 – 90

Sprachanalogien

86.

Malerei : Farbe   wie   Musik : ?

A. Lautsprecher
B. Geige
C. Stereoanlage
D. Melodie
E. Töne

Antwort: **E**

87.

Zement : Wasser   wie   Kuchen : ?

A. Margarine
B. Zucker
C. Backform
D. Milch
E. Ofen

Antwort: **D**

88.

Organismus : Stoffelwechsel   wie   Motor : ?

A. Benzin
B. Öl
C. Wasser
D. Gänge
E. Verbrennung

Antwort: **E**

89.

Wein : Riesling   wie   Käse : ?

A. Edamer
B. Fisch
C. Wurst
D. Quark
E. Tofu

Antwort: **A**

90.

Sturm : Regen   wie   Gewitter : ?

A. Wasser
B. Eis
C. Hagel
D. Sonne
E. Schnee

Antwort: **C**

Sprachverständnis: 91 – 100

Rechtschreibung

91.

A. Vor allem Samstags und Sonntags ist viel los.
B. Vor allem samstags und Sonntags ist viel los.
C. Vor allem Samstags und sonntags ist viel los.
D. Vor allem samstags und sonntags ist viel los.
E. Keine Antwort ist richtig.

Antwort: **D**

92.

A. Es geht Früh am Morgen los.
B. Es geht früh am Morgen los.
C. Es geht Früh am morgen los.
D. Es geht früh am morgen los.
E. Keine Antwort ist richtig.

Antwort: **B**

93.

A. Dieser Sprachenwirwarr macht verrückt.
B. Dieser Sprachenwirrwar macht verrückt.
C. Dieser Sprachenwirrwarr macht verrückt.
D. Dieser Sprachenwirwar macht verrückt.
E. Keine Antwort ist richtig.

Antwort: **C**

94.

A. Thunfische ernähren sich von Krebstieren.
B. Tunfische ernähren sich von Krebstieren.
C. Thunfische ernähren sich von Krebstiren.
D. Tunfische ernähren sich von Krebstiren.
E. Keine Antwort ist richtig.

Antwort: **A**

95.

A. Die durchschnittlischen Versandkosten steigen überproportional.
B. Die durchschnittlichen Versankosten steigen überpropotional.
C. Die durchschnittlichen Versantkosten steigen überproportional.
D. Die durchschnittlichen Versandkosten steigen überproportional.
E. Keine Antwort ist richtig.

Antwort: **D**

96.

A. Theoretisch gilt das Autonomieprinzip.
B. Teoretisch gilt das Autonomieprinzip.
C. Theoretisch gilt das Autonomiprinzip.
D. Theoretisch gilt das Autonomieprinziep.
E. Keine Antwort ist richtig.

Antwort: **A**

97.

A. Jeder Cirkus sollte eine Tribüne und Manege haben.
B. Jeder Zirkus sollte eine Triebüne und Manege haben.
C. Jeder Zirkus sollte eine Tribühne und Manege haben.
D. Jeder Zirkus sollte eine Tribüne und Manege haben.
E. Keine Antwort ist richtig.

Antwort: **D**

98.

A. Ein Pfund Kaffee sind exakt 500 Gramm.
B. Ein Fund Kaffee sind exakt 500 Gramm.
C. Ein Pfund Kafee sind exakt 500 Gramm.
D. Ein Pfund Kafe sind exakt 500 Gramm.
E. Keine Antwort ist richtig.

Antwort: **A**

99.

A. Ein viertel Pfund Thomaten und ein viertel Brot.
B. Ein viertel Fund Tomaten und ein Viertel Brot.
C. Ein Viertel Pfund Tomaten und ein Viertel Brot.
D. Ein viertel Pfund Tomaten und ein Viertel Brot.
E. Keine Antwort ist richtig.

Antwort: **D**

100.

A. Die Anwesenheitssimulation funktioniert.
B. Die Anwesenheitssimmulation funktioniert.
C. Die Anwessenheitssimulation funktioniert.
D. Die Anwessenheitsimulation funktioniert.
E. Keine Antwort ist richtig.

Antwort: **A**

Sprachverständnis: 101 – 105

Englisch

101. _____ must David stay at home? The next three days.

- A. Why
- B. Who
- C. How long
- D. Where
- E. Might

Antwort: **C**

Übersetzt bedeutet dieser Satz: *„**Wie lange** muss David zuhause bleiben? Die nächsten drei Tage."* Einzusetzen ist also die Frageformel **„Wie lange"**. Würde nicht der Nachsatz **„Die nächsten drei Tage"** folgen, so könnte auch Antwort (A) **„Why"** (warum) eingesetzt werden; da der Nachsatz jedoch folgt, kann diese Antwort nicht richtig sein. Die Antwort (E) ist nicht korrekt, da der Satz *„Might must David stay at home?"* keinen Sinn ergibt; die deutsche Übersetzung würde dann lauten *„Dürfte/konnte muss David zuhause bleiben?"* Antwort (D) und (B) können ebenfalls als falsch gekennzeichnet werden, da die Termini (who – wer) und (where – wo) ebenfalls, insbesondere in Zusammenhang mit dem Nachsatz, keine grammatikalisch korrekte Konstruktion ergeben. Nur die Antwort (C) **„How long"** (wie lange) ergibt mit dem Nachsatz **„The next three days"** (Die nächsten drei Tage) eine grammatikalisch und inhaltlich richtige Aussage.

102. My parents _____ at home. They went out.

- A. isn't
- B. wouldn't
- C. wasn't
- D. aren't
- E. didn't

Antwort: **D**

Übersetzt bedeutet dieser Satz: *„Meine Eltern **sind nicht** zuhause. Sie sind ausgegangen."* Die in diesem Satz einzusetzende Formel lautet **„sind nicht"**. Da es sich um die Eltern handelt, also die Mehrzahl, muss auch eine Plural Variante eingesetzt werden; der Satz steht zudem in der Gegenwart. Die Antwort (A) scheidet als richtige Alternative aus, da es sich hierbei um eine Singular Variante handelt (is not – ist nicht). Das gleiche gilt für die Antwort (C), auch hier handelt es sich um eine Singularkonstruktion. Zudem ist diese Variante falsch, da die Zeitform (*Vergangenheit*) nicht korrekt ist. Die Antwort (D) kann ausgeschlossen werden, da es sich um die falsche Zeitform handelt (*Vergangenheit*), zudem ist es auch inhaltlich die falsche Variante (*did not* – taten nicht). Auch die Antwort (B) ist nicht korrekt; hier würde ein inhaltsloser Satz das Ergebnis sein: „Meine Eltern würden nicht zuhause." Ein derart gestalteter Satz ergibt keinen Sinn, da es sich bei dem fertigen Satz nur um ein Fragment handeln könnte. Die richtige Antwort ist demnach Antwort (D).

103. Mark says it's _____ to find a new apartment.

A. easy enough
B. enough easy
C. enough as easy
D. easy as enough
E. as easy as enough

Antwort: **A**

Die Übersetzung diese Satzes lautet: *„Mark sagt, es ist **ziemlich leicht** ein Apartment zu finden."* Die für uns wichtige, zu suchende, Übersetzung ist demnach **„ziemlich leicht"**. Die Antworten (B) – (E) können alle ausgeschlossen werden, da sie keine adäquate Lösung darstellen. **„ziemlich leicht"** wird im Englischen übersetzt als **„easy enough"** – Antwort (A) ist also korrekt. Die Antwort (B) fällt aufgrund der falschen Wortstellung als Variante aus, in dieser Anordnung ergibt die Floskel keinen Sinn. Die Antworten (C) und (D) stellen keine grammatisch korrekten Konstruktionen dar (*enough as easy* – genug als leicht bzw. *easy as enough* – leicht als genug). Schlussendlich kann auch die Antwort (E) ausgeschlossen werden, da auch mit dieser Variante nicht die korrekte Übersetzung zustande kommen kann. Das Fragment **„as easy as enough"** bedeutet übersetzt so viel wie **„so leicht wie hinreichend"**.

104. A few of _____ are going to the club later.

A. mens
B. us men
C. we mans
D. our men
E. we men

Antwort: **B**

Die Übersetzung diese Satzes lautet: *„Einige von **uns Männern** gehen später noch in den Club."* Die Antwort (A) kann ausgeschlossen werden, da es sich hierbei um einen falsch gebildeten Plural handelt (Mann – *man*; Männer – *men*, nicht *mens*). Ebenso falsch ist

die Antwort (C), es handelt sich erstens um einen falsch gebildeten Plural (*mans* statt *men*), zudem ist auch das Personalpronomen **„we"** an dieser Stelle fehl am Platz. Antwort (E) kann auch ausgeschlossen werden, da auch hier das unnötige Personalpronomen **„we"** steht, was eine grammatikalisch inkorrekte Konstruktion ergeben würde. Bei der Antwort (D) stimmt zwar die Zeit und auch die Pluralform, jedoch ist das Pronomen **„our"** nicht korrekt; würde man die Alternative (D) einsetzen, so würde der Satz bedeuten: *„Einige **unserer Männer** gehen später noch in den Club."* Die einzig korrekte Antwort ist also Antwort (B).

105. February is the _____ month of the year.

- A. first
- B. short
- C. shortest
- D. more short
- E. most short

Antwort: **C**

Die Übersetzung des Satzes lautet: *„Der Februar ist der **kürzeste** Monat des Jahres."* Antwort (A) können wir ausschließen, da somit eine faktisch falsche Antwort das Resultat wäre. Grammatikalisch könnte **„first"** (der erste) eingesetzt werden, dadurch würde sich kein Fehler ergeben. Jedoch ist der Januar der erste (**„first"**) Monat des Jahres, daher können wir diese Antwort ausschließen. Die Antwort (B) kann ebenfalls als falsch gekennzeichnet werden, denn mit dem Einsetzen des Adjektivs **„short"** würde es sich um eine grammatikalisch falsche Satzkonstruktion handeln. Die Antworten (D) und (E) können ebenfalls ausgeschlossen werden, denn der Superlativ **„der kürzeste"** kann nicht gebildet werden durch die Kombination des Adjektivs **„short"** (kurz) und der Adverbien **„more"** (mehr) und **„most"** (am meisten), sondern nur durch Anhängen der Endung -est (**„shortest"**). Daher ist nur die Antwort (C) korrekt.

Visuelles Denkvermögen: 106 – 110

Gemischte Aufgaben

106. Wählen Sie den richtigen Dominostein für die Fragezeichen.

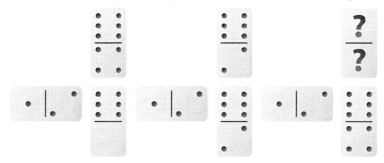

Welcher der Dominosteine von A bis E ergänzt den Dominostein mit den zwei Fragezeichen sinnvoll?

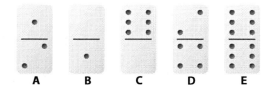

Antwort: **C**

Die obere Zahl muss 6 lauten, das untere Feld ist leer.

Oben: 6   6   6

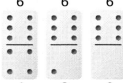

Unten: 4   2   0

107. Sie sehen ein Rechteck mit acht Mustern. Das neunte Muster ist sinnvoll zu ergänzen.

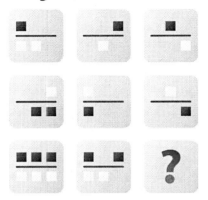

Durch welches der fünf Muster wird das Fragezeichen oben logisch ersetzt?

Antwort: **B**

Das Fragezeichen wird durch das Muster B logisch ersetzt.

Gehen Sie von oben nach unten vor.

In der linken Reihe ergeben die beiden oberen Formationen zusammen die untere Formation, wobei die weißen Quadrate unter dem Bruchstrich liegen und die schwarzen über dem Bruchstrich. Ebenso ergeben die beiden oberen Formationen in der mittleren Reihe zusammen die untere, wobei die weißen Quadrate unter dem Bruchstrich liegen und die schwarzen über dem Bruchstrich.

Dasselbe gilt für die rechte Reihe, die zwei oberen Formationen ergeben in der Summe das Muster B.

108. Aus wie vielen Flächen setzt sich diese Figur zusammen?

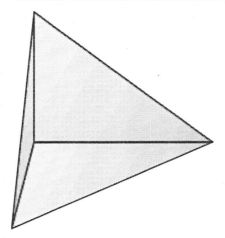

A. 1
B. 2
C. 3
D. 4
E. Keine Antwort ist richtig.

Antwort: **D**

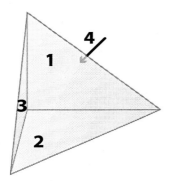

109. Sie sehen ein Quadrat mit neun Zahlen. Die weißen Zahlen in den dunkelgrauen Feldern ergeben als Subtraktion jeweils von oben nach unten, diagonal und von links nach rechts die schwarzen Zahlen in den hellgrauen Feldern. Prüfen Sie bitte die Ergebnisse und kreuzen Sie das falsche Ergebnis durch den entsprechenden Buchstaben im Lösungsbogen an.

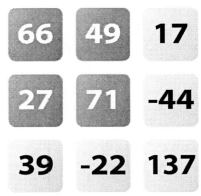

Welche Zahl in dem Rechteck ist falsch?

A. 17
B. -44
C. 137
D. -22
E. 39

Antwort: **C**

66 - 71 = -5 (von oben links nach unten rechts)

66	−	49	=	17
−		−		−
27	−	71	=	-44
=		=		=
39		-22		-5

Prüfung 3

110. Es geht darum, die richtigen Zahlen für die Symbole zu finden. Dabei entsprechen einzelne Symbole einer Zahl von 0 bis 9 und zusammenstehende Symbole einer Zahl von 10 bis 99.

 + + + =

Welche Zahl muss für das Viereck eingesetzt werden?

A. 2
B. 3
C. 4
D. 5
E. Keine Antwort ist richtig.

Antwort: **A**

In das Viereck ist die Zahl 2 einzusetzen.

Viereck = 2

Kreis = 8

2 + 2 + 2 + 2 = 8

 + 2 + 2 + 2 = 8

Lösungsbogen zur Prüfung 3

Name: Mustermann	Vorname: Max
Datum: 30. Mai 2009	
Voraussichtlicher Schulabschluss: Mittlere Reife	Telefonnummer: 01234-123456
Alter: 17	
Bewerbung zum... Industriekaufmann	

Kreuzen Sie bitte bei der jeweiligen Aufgabe nur einen Buchstaben an. Wenn Sie einen Buchstaben falsch angekreuzt haben sollten, dann machen Sie bitte einen Kreis um das falsche Kreuz und setzen Sie das neue Kreuz bei dem gewünschten Buchstaben ein.

Nr.	Antwort	Nr.	Antwort	Nr.	Antwort	Nr.	Antwort
1.	C	31.	E	61.	B	91.	D
2.	B	32.	B	62.	D	92.	B
3.	D	33.	D	63.	C	93.	D
4.	D	34.	D	64.	D	94.	A
5.	B	35.	D	65.	C	95.	–
6.	C	36.	B	66.	C	96.	A
7.	C	37.	A	67.	B	97.	–
8.	B	38.	D	68.	C	98.	A
9.	C	39.	D	69.	A	99.	–
10.	B	40.	A	70.	A	100.	A
11.	B	41.	C	71.	C	101.	C
12.	C	42.	D	72.	A	102.	D
13.	C	43.	D	73.	C	103.	A
14.	C	44.	D	74.	C	104.	C
15.	B	45.	D	75.	–	105.	–
16.	D	46.	C	76.	A	106.	C
17.	C	47.	B	77.	C	107.	B
18.	C	48.	C	78.	D	108.	B
19.	C	49.	C	79.	E	109.	C
20.	C	50.	C	80.	B	110.	A
21.	D	51.	C	81.	B		
22.	B	52.	D	82.	E		
23.	B	53.	C	83.	–		
24.	C	54.	A	84.	B		
25.	E	55.	D	85.	A		
26.	C	56.	C	86.	E		
27.	A	57.	B	87.	D		
28.	C	58.	C	88.	D		
29.	B	59.	C	89.	A		
30.	C	60.	D	90.	D		

Prüfung 4

Prüfung 4

Allgemeinwissen: 1 – 10

Verschiedene Themen

1. Welcher Fluss fließt nicht durch Deutschland?

A. Fulda
B. Isar
C. Po
D. Inn
E. Keine Antwort ist richtig.

Antwort: **C**

Der Po ist der mit einer Länge von 652 km der größte Fluss Italiens. Er entspringt in den Alpen nahe der italienisch-französischen Grenze und mündet in die Adria.

2. Welches ist die Hauptstadt von Australien?

A. Sydney
B. Newcastle
C. Melbourne
D. Canberra
E. Keine Antwort ist richtig.

Antwort: **D**

Canberra ist die Hauptstadt Australiens. Da sich die größeren Städte Sydney und Melbourne nicht darauf einigen konnten, welche von ihnen Hauptstadt sein sollte, wurde 1908 Canberra als Planhauptstadt entworfen. 1913 begannen die Bauarbeiten. Heute ist sie mit etwa 330.000 Einwohnern die achtgrößte Stadt Australiens.

3. Wer war erster Präsident der Vereinigten Staaten von Amerika?

A. John F. Kennedy
B. Ronald W. Reagan
C. Thomas Jefferson
D. George Washington
E. Keine Antwort ist richtig.

Antwort: **D**

George Washington, nach dem die amerikanische Hauptstadt benannt ist, war von 1789 bis 1797 der erste Präsident der Vereinigten Staaten. Er hat als Oberbefehlshaber der Continental Army und Vorsitzender der verfassungsgebenden Philadelphia Convention einen entscheidenden Beitrag zur Entstehung der USA als Nation geleistet.

4. Welches ist eine indirekte Steuer?

A. Einkommensteuer
B. Kfz-Steuer
C. Körperschaftsteuer
D. Umsatzsteuer
E. Keine Antwort ist richtig.

Antwort: **D**

Indirekte Steuern werden nicht von der effektiv belasteten Person, sondern stellvertretend auf einen Dritten übertragen, der diese an die Finanzbehörden abführt. Zu den indirekten Steuern zählen die Umsatzsteuer und Verbrauchssteuern wie Tabaksteuer, Mineralölsteuer und Alkopopsteuer.

Direkte Steuern sind personengebunden. Bei den direkten Steuern sind Steuerschuldner und Steuerträger identisch. Zu den direkten Steuern zählen Steuern auf das Einkommen und das Vermögen, wie z. B. Einkommensteuer, Körperschaftsteuer und Kfz-Steuer.

5. Wer malte das Ölgemälde „Mona Lisa"?

A. Leonardo da Vinci
B. Paul Peter Rubens
C. Camille Corot
D. Wassily Kandinsky
E. Keine Antwort ist richtig.

Antwort: **A**

Die Mona Lisa ist ein weltberühmtes Ölgemälde von Leonardo da Vinci auf dünnem Pappelholz gemalt und entstand wahrscheinlich vom Frühjahr 1503 bis zum Sommer 1505. Leonardo da Vinci lebte 1452 bis 1519 und war Maler, Bildhauer, Architekt, Musiker, Anatom, Mechaniker, Ingenieur, Naturphilosoph und Erfinder. Er gilt als der Universalmensch der Renaissance. Neben den zahlreichen Kunstwerken schuf er eine große Anzahl von Entwürfen für Gebäude, Maschinen, Kunstgegenstände, Gemälde und Skulpturen, zu deren Realisierung er nie kam.

6. Von wem stammt die Oper „Die Zauberflöte?

A. Claudio Monteverdi
B. Giuseppe Verdi
C. Wolfgang Amadeus Mozart
D. Richard Wagner
E. Keine Antwort ist richtig.

Antwort: **C**

Wolfgang Amadeus Mozart lebte von 1756 bis 1791 und war ein Komponist der Wiener Klassik. Sein umfangreiches Werk genießt weltweite Popularität und gehört zum bedeutendsten Repertoire der Klassik. Mozart war ein außerordentlich vielseitiger Komponist. Er war wohl der einzige Komponist der Musikgeschichte, der in allen Kompositionsgattungen seiner Zeit Meisterwerke schuf. Weitere bekannte Mozart Opern sind Don Giovanni, Così fan tutte, Die Entführung aus dem Serail und Idomeneo.

7. Wann fand die Französische Revolution statt?

A. 1689
B. 1778
C. 1789
D. 1812
E. Keine Antwort ist richtig.

Antwort: **C**

Die Französische Revolution verlief als vielphasiger Prozess von 1789 bis 1799 und gehört zu den folgenreichsten Ereignissen der europäischen Geschichte. Zu den Zielen der Französischen Revolution zählten insbesondere die Abschaffung des königlichen Absolutismus sowie die Umsetzung grundlegender Ideen der Aufklärung. Die erste Phase stand im Zeichen bürgerlicher Freiheitsrechte und Schaffung einer konstitutionellen Monarchie. Die zweite führte aufgrund der inneren und äußeren gegenrevolutionären Bedrohung zur Errichtung einer Republik mit radikaldemokratischen Zügen und zur Ausbildung einer Revolutionsregierung, die mit Mitteln des Terrors und der Guillotine alle „Feinde der Revolution" verfolgte. In der dritten Phase behauptete sich eine von besitzbürgerlichen Interessen bestimmte politische Führung nur mühsam gegen sozialistische und monarchistische Bestrebungen.

Die Französische Revolution bewirkte gesellschaftspolitische Veränderungen in ganz Europa und beeinflusste entscheidend das moderne Demokratieverständnis mit.

8. Welcher deutsche König erhielt den Beinamen „der Große"?

A. Friedrich Wilhelm I.
B. Friedrich II.
C. Friedrich August I.
D. Wilhelm II.
E. Keine Antwort ist richtig.

Antwort: **B**

Friedrich II., auch Friedrich der Große und der Alte Fritz genannt, war seit 1740 König in Preußen und ab 1772 bis zu seinem Tode 1786 König von Preußen. Durch seine erfolgreichen Kriege erlangte er für Preußen die Eroberung Schlesiens und die europaweite Anerkennung als fünfte Großmacht nach Österreich, Frankreich, Russland und Großbritannien. Hierfür erhielt er auch den Beinamen „der Große". Friedrich gilt als Repräsentant des aufgeklärten Absolutismus und bezeichnete sich selbst als ersten Diener des Staates.

9. Wer stellte die Relativitätstheorie auf?

A. Max Born
B. Albert Einstein
C. Wolfgang Pauli
D. Niels Bohr
E. Keine Antwort ist richtig.

Antwort: **B**

Die Relativitätstheorie besteht aus zwei von Albert Einstein geschaffenen physikalischen Theorien, die sich mit der Struktur von Raum und Zeit befassen. Die spezielle Relativitätstheorie beschreibt das Verhalten von Raum und Zeit aus der Sicht von Beobachtern, die sich relativ zueinander bewegen, und die damit verbundenen Phänomene. Darauf aufbauend führt die allgemeine Relativitätstheorie die Gravitation auf eine Krümmung von Raum und Zeit zurück, die unter anderem durch die beteiligten Massen verursacht wird.

10. Welche Geschwindigkeit hat das Licht?

A. 300.000 km/h
B. 300.000 km/s
C. 300.000 m/h
D. 300.000 m/s
E. Keine Antwort ist richtig.

Antwort: **B**

Die Lichtgeschwindigkeit, abgekürzt mit „c", ist in der Relativitätstheorie mit genau 299.792.458 m/s, das entspricht etwa 300.000 km/s, die höchstmögliche Geschwindigkeit. Heutzutage lässt sich mit technischen Geräten die Geschwindigkeit des Lichtes genau messen. Dazu kann man z.B. die Geschwindigkeit eines Lasers von der Erde zum Mond und wieder zurück messen.

Allgemeinwissen: 11 – 20

Fachbezogene Themen

11. Welche Aussage zum Leasing-Vertrag ist richtig?

A. Eine Maschine zu leasen ist immer günstiger als sie zu kaufen.
B. Beim Leasing muss man die gemietete Maschine nach Ablauf der Leasingdauer übernehmen.
C. Leasing ist eine Möglichkeit, das Überalterungsrisiko einer Maschine zu verringern.
D. Die Leasingrate einer Maschine ist unabhängig vom Auslastungsgrad der Maschine.
E. Keine Antwort ist richtig.

Antwort: **C**

Das Leasing ist eine Finanzierungsmethode, bei der das Leasinggut gegen die Zahlung eines vereinbarten Betrages zur Nutzung überlassen wird. Der Leasinggeber kann ein Finanzinstitut oder der Hersteller eines Gerätes sein. Vorteile des Leasings bestehen in Erhaltung von Liquidität, der Reduzierung von Verwaltungsaufwand (in der Kombination mit einem entsprechenden Servicevertrag) und der regelmäßigen Ersetzung durch neuere Geräte nach Vertragslaufzeit.

12. Welcher Posten gehört nicht zu den Transportkosten?

A. Transportgut
B. Versicherungskosten
C. Mautgebühren
D. Personalkosten
E. Keine Antwort ist richtig.

Antwort: **A**

Transportkosten lassen sich in folgende Bestandteile aufteilen: Personalkosten (z.B. für Fahrer), Transitkosten, Mautgebühren, Versicherung von Fahrzeugen und transportierter Ware, anteilige Raum- und Verwaltungskosten sowie Wartungskosten.

13. Was ist ein Nischenprodukt?

A. Ein Produkt, das zur Lagerung gemessen am Verkaufspreis einen geringen Platz benötigt.
B. Ein Produkt, welches nur einen kleinen Teil des Bedarfs im Gesamtmarkt abdeckt.
C. Ein Produkt, das von einem Startup-Unternehmen produziert wird.
D. Ein Produkt, das von einer kleinen Firma angeboten wird.
E. Keine Antwort ist richtig.

Antwort: **B**

Ein Produkt, welches nur einen kleinen Teil des Bedarfs im Gesamtmarkt abdeckt, wird Nischenprodukt genannt.

14. Bei den Tarifverhandlungen wurde eine Arbeitszeitverkürzung bei vollem Lohnausgleich vereinbart. Wie wirkt sich das auf die Stückkosten der Fertigung aus?

A. Es wirkt sich gar nicht auf die Stückkosten der Fertigung aus, da die Gesamtkosten gleich bleiben.
B. Die Stückkosten der Fertigung sinken, da weniger Löhne gezahlt werden bei kürzeren Arbeitszeiten.
C. Die Stückkosten der Fertigung steigen, weil die Entlohnung je Zeiteinheit höher ist.
D. Die Stückkosten der Fertigung sinken, weil die Entlohnung je Zeiteinheit niedriger ist.
E. Keine Antwort ist richtig.

Antwort: **C**

Die Stückkosten steigen. Durch die Arbeitszeitverkürzung bei vollem Lohnausgleich steigt der Stundenlohn der Mitarbeiter und so auch die Lohnstückkosten.

15. Was wird bezogen auf den Versand als Tara bezeichnet?

A. Verpackungsgewicht
B. Versandentfernung
C. Versandkosten
D. Verpackungsart
E. Keine Antwort ist richtig.

Antwort: **A**

Die Tara bezeichnet die Differenz zwischen dem Netto- und Bruttogewicht eines Warengutes. Das ist der Unterschied zwischen dem Rein- und Gesamtgewicht und entspricht so genau dem Verpackungsgewicht.

16. Was könnte die Ursache dafür sein, das der Istbestand laut Inventur höher ist als der Sollbestand laut Warenwirtschaftssystem?
A. Ausgehende Ware wurde nicht vollständig im System erfasst.
B. Ausgehende Ware wurde versehentlich doppelt erfasst im System.
C. Eingehende Ware wurde richtig erfasst im System.
D. Eingehende Ware wurde doppelt erfasst im System.
E. Keine Antwort ist richtig.

Antwort: **B**

Wird eine ausgehende Ware im System doppelt erfasst, so ist das für die Buchhaltung so, als ob diese Ware zweimal versendet wurde, wodurch der Istbestand entsprechend höher als der Sollbestand im System ist. Bei der Inventur wird dann dieser zu hohe Istbestand festgestellt.

17. Was ist in einem Industriebetrieb unter „Rüstzeit" zu verstehen?
A. Die Zeit, welche zur Einarbeitung eines neuen Mitarbeiters benötigt wird.
B. Die Erholungszeit, welche rechtlich zwischen zwei Arbeitstagen mindestens eingehalten werden sollte.
C. Die für einen Kundenauftrag vorgesehene Fertigungszeit.
D. Die Zeit, welche benötigt wird, um eine Produktionsmaschine umzurüsten bzw. einzustellen.
E. Keine Antwort ist richtig.

Antwort: **D**

Rüsten bedeutet eine Maschine für einen bestimmten Arbeitsvorgang einzurichten, die Zeit, die dazu benötigt wird, ist die Rüstzeit.

18. Was ist unter Liquidität im unternehmerischen Sinne zu verstehen?

A. Die ständige Lieferbereitschaft eines Unternehmens.
B. Das Auftragsvolumen eines Unternehmens.
C. Die Liquidität eines Unternehmens lässt sich berechnen, indem man den Gewinn ins Verhältnis zum Kapital setzt.
D. Die Fähigkeit eines Unternehmens, seinen Zahlungsverpflichtungen termingerecht nachzukommen.
E. Keine Antwort ist richtig.

Antwort: **D**

Liquidität ist die Eigenschaft eines Wirtschaftsgutes, zur Begleichung von Verbindlichkeiten genutzt werden zu können. So wird auch die Verfügbarkeit über genügend Zahlungsmittel in einem Unternehmen als Liquidität bezeichnet. Man unterscheidet die Barliquidität (Vermögen, das unmittelbar zur Zahlung eingesetzt werden kann) von der einzugsbedingten (Vermögen, das nicht unmittelbar zur Zahlung eingesetzt werden kann, aber eine kurzfristige Umwandlung ermöglicht wie diskontierbare Wechsel) und der umsatzbedingten Liquidität (Vermögen, das erst in Barmittel umgesetzt werden muss, wie z.B. Produkte und Wirtschaftsgüter).

19. Welche Aussage zur Umsatzsteuer ist richtig?

A. Die Umsatzsteuer ist eine direkte Steuer, da Steuerzahler und Steuerschuldner identisch sind.
B. Die Umsatzsteuer ist eine Gemeinschaftssteuer, da sie Bund, Ländern und teilweise auch Gemeinden gemeinschaftlich zusteht.
C. Die Umsatzsteuer ist eine Betriebsausgabe, da sie den Gewinn eines Unternehmens schmälert.
D. Die Umsatzsteuer stellt für Unternehmen einen wesentlichen Kostenfaktor dar.
E. Keine Antwort ist richtig.

Antwort: **B**

Die Umsatzsteuer ist eine indirekte Gemeinschaftssteuer, die unter Bund, Länder und zum Teil auch den Gemeinden aufgeteilt wird. Diese werden nicht von der effektiv belasteten Person, sondern stellvertretend auf einen Dritten übertragen, der diese an die Finanzbehörden abführt. Zu den indirekten Steuern zählen die Umsatzsteuer und Verbrauchssteuern wie Tabaksteuer, Mineralölsteuer und Alkopopsteuer.

Direkte Steuern sind personengebunden. Bei den direkten Steuern sind Steuerschuldner und Steuerträger identisch. Zu den direkten Steuern zählen Steuern auf das Einkommen und das Vermögen, wie z. B. Einkommenssteuer, Körperschaftssteuer und Kfz-Steuer.

20. Was könnte die Folge einer innerbetrieblichen Arbeitsteilung sein?
A. Durch die Arbeitsteilung nimmt die Möglichkeit zu, ungelernte Arbeitskräfte einzustellen.
B. Für den Einzelnen wird dadurch die Tätigkeit abwechslungsreich und spannend.
C. Der Einzelne bekommt eine bessere Übersicht über die Gesamtzusammenhänge des Produktionsablaufs.
D. Die Abhängigkeit der einzelnen Mitarbeiter untereinander nimmt dadurch ab.
E. Keine Antwort ist richtig.

Antwort: **A**

Die Arbeitsteilung besteht in der Aufteilung eines einzelnen Produktionsprozesses in verschiedene Teilprozesse, die innerhalb einer einzelnen Produktionsstätte von spezialisierten Arbeitskräften wahrgenommen werden. Die Arbeitsvereinigung findet über die betriebliche Ablauforganisation statt. Es wird zwischen Artteilung, bei der jeder Einzelne nur einen Teil der Arbeitsabläufe übernimmt, und Mengenteilung, bei der alle Beteiligten alle Arbeitsabläufe durchführen, unterschieden. Bei der Artteilung entstehen häufig Arbeitsschritte, die fast ohne jedes Vorwissen von ungelernten Arbeitskräften ausgeführt werden können.

Mathematik: 21 – 25

Zinsrechnen

Bei der kaufmännischen Zinsrechnung werden dem Monat 30 Tage und dem Jahr 360 Tage zugrunde gelegt.

21. **Wie viel Zinsen erhält Herr Mayer nach einem Jahr, wenn er einen Betrag von 40.000 € zu sieben Prozent fest anlegt?**

    A. 2.400 €
    B. 2.600 €
    C. 2.800 €
    D. 3.000 €
    E. Keine Antwort ist richtig.

Antwort: **C**

Herr Mayer erhält 2.800 € Zinsen.

$$\text{Zinsen} = \frac{\text{Kapital} \times \text{Zinssatz} \times \text{Tage}}{100 \times 360\,d}$$

$$\text{Zinsen} = \frac{40.000 \times 7 \times 360\,d}{100 \times 360\,d} = 2.800\,€$$

22. **Herr Mayer möchte einen Sparvertrag vorzeitig auflösen und kündigt ihn nach sieben Monaten. Wie viel Zinsen hat er auf 42.000 € erhalten, wenn er das Geld zu sieben Prozent angelegt hat?**

    A. 1.600 €
    B. 1.715 €
    C. 1.815 €
    D. 1.915 €
    E. Keine Antwort ist richtig.

Antwort: **B**

Herr Mayer würde für die sieben Monate noch Zinsen in Höhe von 1.715 € erhalten.

$$\text{Zinsen} = \frac{\text{Kapital} \times \text{Zinssatz} \times \text{Tage}}{100 \times 360\,d}$$

$$\text{Zinsen} = \frac{42.000\,€ \times 7 \times 210\,d}{100 \times 360\,d} = 1.715\,€$$

23. Für eine Festgeldanlage erhält Herr Mayer nach einem Jahr 2.800 € Zinsen bei einer Verzinsung von sieben Prozent. Welcher Betrag wurde vor einem Jahr angelegt?

- A. 25.000 €
- B. 30.000 €
- C. 35.000 €
- D. 40.000 €
- E. Keine Antwort ist richtig.

Antwort: **D**

Es wurde ein Betrag von 40.000 € angelegt.

$$\text{Kapital} = \frac{\text{Zinsen} \times 100 \times 360\,d}{\text{Zinssatz} \times \text{Tage}}$$

$$\text{Kapital} = \frac{2.800\,€ \times 100 \times 360\,d}{7 \times 360\,d} = 40.000\,€$$

24. Herr Mayer hat auf eine Festgeldanlage von 48.000 € in fünf Monaten 1.200 € Zinsen erhalten. Welchen Zinssatz hat ihm seine Bank gewährt?

- A. 4 %
- B. 5 %
- C. 6 %
- D. 7 %
- E. Keine Antwort ist richtig.

Antwort: **C**

Der Zinssatz betrug sechs Prozent.

$$\text{Zinssatz} = \frac{\text{Zinsen} \times 100 \times 360\,d}{\text{Kapital} \times \text{Tage}}$$

$$\text{Zinssatz} = \frac{1.200\,€ \times 100 \times 360\,d}{48.000\,€ \times 150\,d} = 6\%$$

25. Herr Mayer möchte vorzeitig seinen Sparvertrag kündigen. Bei einem Jahreszins von sieben Prozent hat er 1.225 € Zinsen bei einem Anlagebetrag von 42.000 € erhalten. Wie lange hatte Herr Mayer das Geld angelegt?

- A. 150 Tage
- B. 170 Tage
- C. 190 Tage
- D. 210 Tage
- E. Keine Antwort ist richtig.

Antwort: **A**

Das Geld war 150 Tage angelegt.

$$\text{Tage} = \frac{\text{Zinsen} \times 100 \times 360\,d}{\text{Kapital} \times \text{Zinssatz}}$$

$$\text{Tage} = \frac{1.225\,€ \times 100 \times 360\,d}{42.000\,€ \times 7} = 150\,d$$

Mathematik: 26 – 30

Prozentrechnen

Bei der Prozentrechnung gibt es drei Größen, die zu beachten sind: den Prozentsatz, den Prozentwert und den Grundwert. Zwei dieser Größen müssen gegeben sein, um die dritte Größe berechnen zu können.

26. Bei der Betriebsratswahl der Max Mayer Industriegesellschaft sind von 120 Beschäftigten 80 Prozent wahlberechtigt. Wie viele Beschäftigte dürfen wählen?

A. 63 Beschäftigte
B. 74 Beschäftigte
C. 85 Beschäftigte
D. 96 Beschäftigte
E. Keine Antwort ist richtig.

Antwort: **D**

Die Max Mayer Industriegesellschaft hat 96 wahlberechtigte Beschäftigte.

$$\text{Prozentwert} = \frac{\text{Grundwert} \times \text{Prozentsatz}}{100}$$

$$\text{Prozentwert} = \frac{120 \times 80}{100} = 96 \text{ Beschäftigte}$$

27. Von 92 wahlberechtigten Beschäftigten haben 69 bei der Betriebsratswahl gewählt. Wie viel Prozent der wahlberechtigten Beschäftigten haben gewählt?

A. 55 %
B. 60 %
C. 75 %
D. 80 %
E. Keine Antwort ist richtig.

Antwort: **C**

75 % der wahlberechtigten Beschäftigten haben bei der Betriebsratswahl gewählt.

$$\text{Prozentsatz} = \frac{\text{Prozentwert} \times 100}{\text{Grundwert}}$$

$$\text{Prozentsatz} = \frac{69 \times 100}{92} = 75 \%$$

28. Bei der letzten Betriebswahl lag die Wahlbeteiligung bei 92 % und es haben 138 Beschäftigte gewählt. Wie viele wahlberechtigte Beschäftigte hatte die Firma damals?

A. 142 wahlberechtigte Beschäftigte
B. 145 wahlberechtigte Beschäftigte
C. 147 wahlberechtigte Beschäftigte
D. 150 wahlberechtigte Beschäftigte
E. Keine Antwort ist richtig.

Antwort: **D**

Die Firma hatte 150 wahlberechtigte Beschäftigte.

$$\text{Grundwert} = \frac{\text{Prozentwert} \times 100}{\text{Prozentsatz}}$$

$$\text{Grundwert} = \frac{138 \times 100}{92} = 150 \text{ wahlberechtigte Beschäftigte}$$

29. Am Betriebsausflug haben sechs Mitarbeiter nicht teilgenommen. Das sind vier Prozent der Belegschaft. Wie viele Beschäftigte hat der Betrieb?

A. 140 Beschäftigte
B. 150 Beschäftigte
C. 160 Beschäftigte
D. 200 Beschäftigte
E. Keine Antwort ist richtig.

Antwort: **B**

Der Betrieb hat 150 Beschäftigte.

$$\text{Grundwert} = \frac{\text{Prozentwert} \times 100}{\text{Prozentsatz}}$$

$$\text{Grundwert} = \frac{6 \times 100}{4} = 150 \text{ Beschäftigte}$$

30. Herr Müller hat für eine Betriebsversammlung einen Raum inklusive Bewirtung angemietet. Da Herr Müller Stammkunde ist, erhält er das Angebot 20 % rabattiert für 4.800 €. Wie hoch wäre der reguläre Preis gewesen?

A. 5.000 €
B. 6.000 €
C. 7.000 €
D. 8.000 €
E. Keine Antwort ist richtig.

Antwort: **B**

Der reguläre Preis beträgt 6.000 €.

$$\text{Grundwert} = \frac{\text{Prozentwert} \times 100}{\text{Prozentsatz}}$$

$$\text{Grundwert} = \frac{4.800\,€ \times 100}{80} = 6.000\,€$$

Mathematik: 31 – 35

Gemischte Aufgaben 1

Zur Herstellung eines Fertigerzeugnisses C werden verschiedene Elemente E und Bauteile B benötigt. Es gibt verschiedene Darstellungsformen, in der alle Einzelteile und Informationen aufgeführt sind, die zur Herstellung eines Fertigerzeugnisses benötigt werden. Ihnen liegt die folgende Skizze vor:

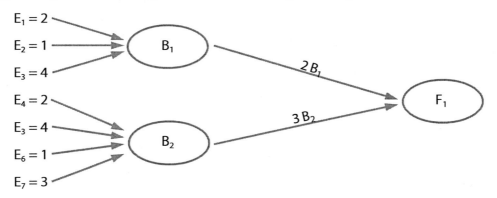

Hinweis: E = Elemente in Stk. ; B = Bauteile in Stk. ; F = Fertigerzeugnis in Stk.

31. Wie viele Elemente E werden für die Herstellung des Bauteils B_1 insgesamt benötigt?

- A. 4
- B. 5
- C. 6
- D. 7
- E. Keine Antwort ist richtig.

Antwort: **D**

Es werden 7 Elemente E zur Herstellung von B_1 benötigt.

$2 + 1 + 4 = 7$

32. Wie viele Elemente E werden für die Herstellung des Bauteils B_1 und B_2 insgesamt benötigt?

A. 7
B. 10
C. 15
D. 17
E. Keine Antwort ist richtig.

Antwort: **D**

Es werden 17 Elemente E zur Herstellung von B_1 und B_2 benötigt.

$2 + 1 + 4 + 2 + 4 + 1 + 3 = 17$

33. Wie viel Elemente E_3 werden zur Herstellung eines Fertigerzeugnisses F_1 benötigt?

A. 4
B. 8
C. 12
D. 20
E. Keine Antwort ist richtig.

Antwort: **D**

Es werden 20 Elemente E_3 zur Herstellung eines Fertigerzeugnisses F_1 benötigt.

$B_1: 4 \times 2 = 8$

$B_2: 4 \times 3 = 12$

$8 + 12 = 20$

34. Für einen Kundenauftrag werden fünf Fertigerzeugnisse F_1 benötigt. Wie viel Elemente E_5 werden zur Herstellung von fünf Fertigerzeugnissen F_1 benötigt?

A. 1
B. 3
C. 4
D. 6
E. Keine Antwort ist richtig.

Antwort: **E**

Zur Herstellung von Fertigerzeugnis F_1 werden keine Elemente E_5 benötigt.

35. Wie viel Elemente E_1 würde man für ein neues Fertigerzeugnis F_2 benötigen, wenn zur Fertigstellung zwei Fertigerzeugnisse F_1 benötigt werden?

- A. 4
- B. 8
- C. 12
- D. 60
- E. Keine Antwort ist richtig.

Antwort: **B**

Es werden 8 Elemente E_1 zur Herstellung von 2 Fertigerzeugnissen F_1 benötigt.

$2 \times 2 \times 2 = 8$

Mathematik: 36 – 40

Gemischte Aufgaben 2

Eine der Aufgaben des Einkaufs besteht darin, durch eine genaue Bedarfsplanung und Disposition die Gesamtkosten niedrig zu halten. Dabei versucht man solche Mengen zu disponieren, bei der die Gesamtkosten aus Lagerkosten und Beschaffungskosten am niedrigsten sind.

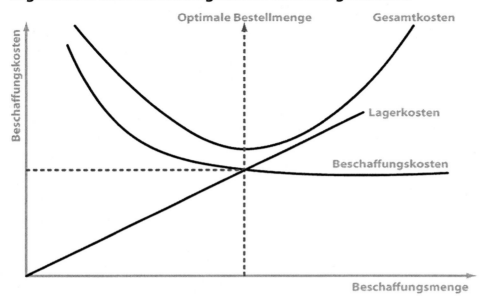

Hinweis: Optimale Bestellmenge liegt im Schnittpunkt von Lager- und Beschaffungskosten.

36. Welche Aussage zu den Lagerkosten ist richtig?

A. Die Lagerkosten nehmen mit zunehmender Beschaffungsmenge zu.
B. Die Lagerkosten nehmen mit zunehmender Beschaffungsmenge ab.
C. Die Lagerkosten sind bei der „optimalen Bestellmenge" am niedrigsten.
D. Die Lagerkosten sind bei der „optimalen Bestellmenge" am höchsten.
E. Keine Antwort ist richtig.

Antwort: **A**

Umso mehr Material zu lagern ist, umso höher werden auch die Lagerkosten.

37. Welche Aussage zu den Beschaffungskosten ist richtig?
A. Die Beschaffungskosten nehmen mit zunehmender Beschaffungsmenge zu.
B. Die Beschaffungskosten nehmen mit zunehmender Beschaffungsmenge ab.
C. Die Beschaffungskosten sind bei der „optimalen Bestellmenge" am niedrigsten.
D. Die Beschaffungskosten sind bei der „optimalen Bestellmenge" am höchsten.
E. Keine Antwort ist richtig.

Antwort: **B**

Umso mehr von einem Artikel oder Material einzukaufen ist, umso bessere Konditionen lassen sich pro Artikel erzielen.

38. Welche Aussage zur Beschaffungsmenge ist richtig?
A. Große Beschaffungsmengen führen zu niedrigen Lager- und Kapitalkosten.
B. Große Beschaffungsmengen bergen nicht die Gefahr des Absatzrisikos.
C. Kleine Beschaffungsmengen verursachen geringe Kapital- und Lagerkosten.
D. Kleine Beschaffungsmengen ermöglichen große Preisvorteile.
E. Keine Antwort ist richtig.

Antwort: **C**

Kleine Beschaffungsmengen benötigen wenig Lagerraum und verursachen daher wenig Lagerkosten. Zudem benötigt man für einen kleinen Einkauf auch nur ein geringes Kapital.

39. Welche Aussage zur optimalen Bestellmenge ist richtig?
A. Die Lagerkosten sind am geringsten.
B. Die Beschaffungskosten sind am geringsten.
C. Die Gesamtkosten aus Lager- und Beschaffungskosten sind am geringsten.
D. Die Gesamtkosten aus Lager- und Beschaffungskosten sind am höchsten.
E. Keine Antwort ist richtig.

Antwort: **C**

Die optimale Bestellmenge ist jene Menge, bei der die Summe aus Bestell- und Lagerhaltungskosten in einem Planungszeitraum am geringsten ist. Je häufiger bestellt wird, umso höher sind die Bestellkosten und umso niedriger die Lagerhaltungskosten. Bei einer geringeren Bestellhäufigkeit sind die Lagerhaltungskosten höher und die Bestellkosten niedriger.

40. Die optimale Bestellmenge lässt sich mit der Andlersche Formel berechnen.

$$\sqrt{\frac{200 \times J \times BK}{EP(ZS+LS)}}$$

Wie lautet die optimale Bestellmenge, wenn Ihnen folgende Informationen vorliegen?

Jahresbedarfsmenge (J) = 1.500

Bestellkosten je Bestellung (BK) = 10

Einstandspreis je Stück (EP) = 20

Zinssatz für Lagerkosten (LS) = 10 %

Zinssatz für Kapital (ZS) = 5 %

A. 100 Stück
B. 150 Stück
C. 200 Stück
D. 250 Stück
E. Keine Antwort ist richtig.

Antwort: **A**

Die optimale Bestellmenge lautet 100 Stück.

$$\sqrt{\frac{200 \times 1.500 \times 10}{20(5+10)}} = \sqrt{\frac{3.000.000}{300}} = \sqrt{10.000} = 100$$

Mathematik: 41 – 45

Gemischte Aufgaben 3

Herr Müller möchte die Umsatzzahlen seiner einzelnen Vertriebsmitarbeiter vergleichen. Hierzu stehen ihm die folgenden Umsatzzahlen zu Verfügung.

Max Mayer Industriegesellschaft	
Abteilung	Vertrieb
Mitarbeiterzahl:	6
Bürofläche:	150 m²

Mitarbeiter	Umsatz
Herr Mayer	420.400 €
Herr Knautz	480.380 €
Herr Schwarz	360.360 €
Frau Groß	340.200 €
Frau Lotz	600.400 €
Frau Roth	525.200 €

41. Wie hoch ist der Umsatz der Mitarbeiterinnen?

A. 1.465.800 €
B. 1.612.900 €
C. 1.726.940 €
D. 2.726.940 €
E. Keine Antwort ist richtig.

Antwort: **A**

Der Jahresumsatz der Mitarbeiterinnen beträgt 1.465.800 €.

340.200 € + 600.400 € + 525.200 € = 1.465.800 €

42. Wie hoch ist der Umsatz der männlichen Mitarbeiter?

A. 1.210.900 €
B. 1.261.140 €
C. 1.726.940 €
D. 2.726.940 €
E. Keine Antwort ist richtig.

Antwort: **B**

Der Jahresumsatz der männlichen Mitarbeiter beträgt 1.261.140 €.

420.400 € + 480.380 € + 360.360 € = 1.261.140 €

43. Wie hoch ist der Jahresumsatz der Abteilung insgesamt?

A. 2.514.940 €
B. 2.626.940 €
C. 2.726.940 €
D. 2.999.800 €
E. Keine Antwort ist richtig.

Antwort: **C**

Der Jahresumsatz der Abteilung Vertrieb beträgt 2.726.940 €.

340.200 € + 600.400 € + 525.200 € + 420.400 € + 480.380 € + 360.360 € = 2.726.940 €

44. Wie viel Umsatz macht jede Mitarbeiterin durchschnittlich, gemessen am Jahresumsatz aller Mitarbeiterinnen der Abteilung?

A. 488.400 €
B. 488.600 €
C. 512.800 €
D. 1.465.800 €
E. Keine Antwort ist richtig.

Antwort: **B**

Der durchschnittliche Umsatz einer Mitarbeiterin beträgt 488.600 €.

340.200 € + 600.400 € + 525.200 € = 1.465.800 €

1.465.800 € ÷ 3 = 488.600 €

45. Wie viel Umsatz wird durchschnittlich von einer Person pro Jahr erzielt?

A. 450.490 €
B. 454.490 €
C. 434.490 €
D. 2.726.940 €
E. Keine Antwort ist richtig.

Antwort: **B**

Der durchschnittliche Umsatz einer Person beträgt 454.490 €.

340.200 € + 600.400 € + 525.200 € + 420.400 € + 480.380 € + 360.360 € = 2.726.940 €

2.726.940 € ÷ 6 = 454.490 €

Mathematik: 46 – 50

Gemischte Aufgaben 4

46. Herr Müller hat bereits $2/5$ seines Kredits zurückgezahlt. Wenn er diesen Monat 3.500 € abzahlt, dann bleiben noch 14.500 € an Restschuld offen. Wie hoch ist der Gesamtbetrag des Kredits ursprünglich gewesen?

A. 12.000 €
B. 15.000 €
C. 25.000 €
D. 30.000 €
E. Keine Antwort ist richtig.

Antwort: **D**

Der ursprüngliche Kredit hat 30.000 € betragen.

14.500 € + 3.500 € = 18.000 €

18.000 € = $3/5$

18.000 € ÷ 3 × 5 = 30.000 €

47. In einer Goldmine werden aus einer Tonne Erz sechs Gramm Gold gewonnen. Wie viel Tonnen Erz werden für drei kg Gold benötigt?

A. 500 t
B. 550 t
C. 600 t
D. 625 t
E. Keine Antwort ist richtig.

Antwort: **A**

Zur Gewinnung von drei kg Gold benötigt man 500 t Erz.

3.000 g ÷ 6 g × 1 t = 500 t

48. Herr Müller möchte einem Kunden 2 Tonnen Stahlträger verschiedener Typen zu einem Kilogrammpreis von 1,25 € anbieten.

Hierfür möchte Herr Mayer folgende Sorten verwenden:

Stahlträger Typ A	Stahlträger Typ B
900 kg zu 0,95 € je kg	700 kg zu 1,15 € je kg

Zudem möchte Herr Müller dem Kunden eine dritte Sorte Stahlträger verkaufen, die sehr hochwertig ist. Welchen Kilogrammpreis müsste diese dritte Sorte haben?

- A. 1,54 €
- B. 1,62 €
- C. 1,68 €
- D. 2,10 €
- E. Keine Antwort ist richtig.

Antwort: **D**

Die dritte Sorte Stahlträger muss einen Preis von 2,10 € pro kg haben.

Preis Stahlträger Typ A und Typ B = 900 kg × 0,95 € + 700 kg × 1,15 € = 1.660 €

Gesamtpreis = 2.000 kg × 1,25 € = 2.500 €

Restpreis = 2.500 € - 1.660 € = 840 €

Restgewicht = 2.000 kg − 900 kg −700 kg = 400 kg

840 € ÷ 400 kg = 2,1 € pro kg

---

49. Die Aktien von Herrn Müller sind zweimal hintereinander um fünf Prozent gestiegen und kosten jetzt 88,20 €. Wie viel waren die Aktien vor dem Kursanstieg wert?

- A. 79,38 €
- B. 80 €
- C. 83,79 €
- D. 85,00 €
- E. Keine Antwort ist richtig.

Antwort: **B**

Die Aktien hatten vorher einen Kurs von 80 €.

$$\text{Grundwert} = \frac{\text{Prozentwert} \times 100}{\text{Prozentsatz}}$$

$$\frac{88{,}20 € \times 100}{105} = 84 €$$

$$\frac{84 € \times 100}{105} = 80 €$$

---

50. Herr Müller hat einen Betrag von 1.932 € zu Verfügung. Zuvor hatte er eine bestimmte Anzahl an Aktien zu einem Kurs von 115 € gekauft. Wie viel Aktien kann er nachkaufen, wenn der Aktienkurs um 20 % gestiegen ist?

A. 10 Aktien
B. 12 Aktien
C. 14 Aktien
D. 16 Aktien
E. Keine Antwort ist richtig.

Antwort: **C**

Herr Mayer kann 14 Aktien nachkaufen.

$$\text{Prozentwert} = \frac{\text{Grundwert} \times \text{Prozentsatz}}{100}$$

$$\text{Prozentwert} = \frac{115 € \times 120}{100} = 138 €$$

1.932 € ÷ 138 € = 14 Aktien

Mathematik: 51 – 60

Gemischte Aufgaben 5

51. Herr Müller fährt mit dem Zug zu einem Geschäftstermin. Der Intercity Express benötigt bei einer Geschwindigkeit von 120 km/h genau 4,5 Stunden. Wie weit ist der Zug nach 3 Stunden und 10 Minuten vom Ziel entfernt?

- A. 120 km
- B. 140 km
- C. 160 km
- D. 180 km
- E. Keine Antwort ist richtig.

Antwort: **C**

Der ICE ist 160 km vom Ziel entfernt.

4 h 30 min - 3 h 10 min = 80 min Restzeit

120 km × 80 min ÷ 60 = 160 km

52. Herr Müller fährt mit seinem Auto sechs Stunden bei einer Geschwindigkeit von 110 km/h. Herr Müller möchte wissen, welche Zeit er für die gleiche Strecke benötigen würde, wenn er die Geschwindigkeit auf 120 km/h erhöhen würde.

- A. 310 min
- B. 320 min
- C. 330 min
- D. 340 min
- E. Keine Antwort ist richtig.

Antwort: **C**

Herr Mayer würde bei einer Geschwindigkeit von 120 km/h für die gleiche Strecke 330 Minuten benötigen.

110 km × 6 h = 660 km

660 km ÷ 120 km/h = 5,5 h

5,5 h × 60 = 330 min

53. In einer Firma fahren 60 % der Männer und 30 % der Frauen mit dem PKW zur Arbeit. Wie viel Prozent der Belegschaft kommen mit dem PKW zur Arbeit, wenn die Belegschaft zu 60 % aus Männern besteht?

- **A.** 40 %
- **B.** 48 %
- **C.** 58 %
- **D.** 65 %
- **E.** Keine Antwort ist richtig.

Antwort: **B**

Insgesamt fahren 48 % der Belegschaft mit dem PKW zur Arbeit.

$$\text{Männer} = \frac{60\%\ \text{der Belgschaft} \times 60}{100} = 36\%\ \text{der Belegschaft}$$

$$\text{Frauen} = \frac{30\%\ \text{der Belgschaft} \times 40}{100} = 12\%\ \text{der Belegschaft}$$

Insgesamt = 36 % + 12 % = 48 % der Belegschaft

54. Herr Müller möchte eine Prämie von 11.550 € für besondere Leistungen an drei Mitarbeiter ausschütten. Als Verteilungsschlüssel möchte er die Dauer der Betriebszugehörigkeit nutzen.
Mitarbeiter 1 ist mit 6 Jahren doppelt so lange wie Mitarbeiter 2, Mitarbeiter 3 nur halb so lange wie Mitarbeiter 2 im Betrieb tätig.
Wie hoch ist der Betrag, den Mitarbeiter 3 erhalten müsste?

- **A.** 1.000 €
- **B.** 1.500 €
- **C.** 1.600 €
- **D.** 1.650 €
- **E.** Keine Antwort ist richtig.

Antwort: **D**

Mitarbeiter 3 müsste eine Prämie von 1.650 € erhalten.

Mitarbeiter 1 = 6 a

Mitarbeiter 2 = 6 ÷ 2 = 3 a

Mitarbeiter 3 = 3 ÷ 2 = 1,5 a

Gesamtzahl an Jahren = 10,5

11.550 € ÷ 10,5 = 1.100 €

1,5 a × 1.100 € = 1.650 €

---

55. Ein Seil von 90 Metern soll so in zwei geteilt werden, dass der längere Teil 4-mal so lang ist wie der kürzere. Wie lang ist der kurze Teil?

- A. 15 m
- B. 18 m
- C. 22 m
- D. 24 m
- E. Keine Antwort ist richtig.

Antwort: **B**

Das kurze Seil hat eine Länge von 18 Metern.

Langes Seil = 4 Teile

Kurzes Seil = 1 Teil

Insgesamt = 5 Teile

90 m ÷ 5 = 18 m

---

56. Herr Müller hat für eine kleine Betriebsfeier 25 kg Obst für 65 € gekauft. Neben 12 kg Birnen hat er 13 kg Äpfel für 2,60 € das Kilo gekauft. Welchen Preis hat ein Kilogramm Birnen?

- A. 1,5 €
- B. 2,6 €
- C. 3,2 €
- D. 4,1 €
- E. Keine Antwort ist richtig.

Antwort: **B**

Das Kilogramm Birnen kosten 2,6 €.

Äpfel = 13 kg × 2,60 € = 33,8 €

Birnen = 65 € - 33,8 € = 31,2 €

31,2 € ÷ 12 kg = 2,6 € pro kg Birnen

57. Eine Straße wird von beiden Enden gleichzeitig gebaut. Vom einen Ende werden täglich fünf Meter und vom anderen Ende sieben Meter fertiggestellt. Nach wie viel Tagen ist der Straßenbau beendet, wenn 1.200 Meter zu fertigen sind?

- A. 70 Tage
- B. 90 Tage
- C. 100 Tage
- D. 120 Tage
- E. Keine Antwort ist richtig.

Antwort: **C**

Die Straße ist nach 100 Tagen fertiggestellt.

5 m + 7 m = 12 m

1.200 m ÷ 12 m = 100 d

58. Herr Müller erzielt einen Jahresumsatz von 5.000.000 €. Seine beiden Konkurrenten erwirtschaften einen Umsatz von 6.642.000 € und 3.358.000 €. Um wie viel muss Herr Müller seinen Umsatz steigern, um den gemeinsamen Umsatz der beiden Konkurrenten zu erreichen?

- A. 20 %
- B. 40 %
- C. 60 %
- D. verdoppeln
- E. Keine Antwort ist richtig.

Antwort: **D**

Herr Mayer müsste seinen Umsatz verdoppeln.

6.642.000 € + 3.358.000 € = 10.000.000 € Gesamtumsatz der Konkurrenz

10.000.000 € ÷ 5.000.000 € = 2

59. Herr Müller verkauft pro Monat 800 Taschen zum Stückpreis von 24 €. Seine Selbstkosten betragen für 800 Taschen insgesamt 12.000 €.
Wie hoch ist der Gewinn, den Herr Müller mit dem Verkauf einer Tasche erzielt?

- A. 7 €
- B. 9 €
- C. 11 €
- D. 12 €
- E. Keine Antwort ist richtig.

Antwort: **B**

Herr Mayer erzielt einen Gewinn von 9 € pro Tasche.

800 Stk. × 24 € = 19.200 €

19.200 € - 12.000 € = 7.200 €

7.200 € ÷ 800 Stk. = 9 € Gewinn pro Stück

60. Herr Mayer möchte den durchschnittlichen Zeitbedarf für das Auszeichnen einer Standardlieferung ermitteln. Dazu setzt er pro Lieferung 1 Mitarbeiter ein und ermittelt folgende Zeiten nach einer Woche:

1. Tag = 3 Stunden
2. Tag = 4 Stunden
3. Tag = 5 Stunden
4. Tag = 6 Stunden
5. Tag = 7 Stunden

Wie hoch ist der durchschnittliche Zeitbedarf für das Auszeichnen einer Standardlieferung?

A. 4 h
B. 4,5 h
C. 5 h
D. 5,5 h
E. Keine Antwort ist richtig.

Antwort: **C**

Für die Auszeichnung werden im Durchschnitt 5 Stunden benötigt.

3 + 4 + 5 + 6 + 7 = 25 h

25 ÷ 5 d = 5 h

Mathematikteil: 61 – 65

Gemischte Aufgaben 6

Der folgenden Tabelle können Sie das Bruttonationaleinkommen (BNE) pro Kopf in Euro und die Einwohnerzahl für verschiedene Länder und Regionen entnehmen.

Land	BNE/Kopf in €	Einwohnerzahl in Mio.
Schweiz	35.123	7,59
USA	27.809	304,48
Japan	25.257	127,42
Vereinigtes Königreich	24.257	60,59
Österreich	23.557	8,35
Deutschland	22.357	82,25
Frankreich	21.917	64,47
Kanada	20.579	32,98
Italien	18.820	59,62
Europäische Union	17.723	491
Spanien	15.732	46,06
Türkei	6.170	70,59
Welt	4.397	6.690
Russland	2.895	142,40
Volksrepublik China	1.106	1.321
Indien	453	1.148

61. In Spanien ist das BNE/Kopf kleiner als …

A. in Russland.
B. in der Türkei.
C. im Durchschnitt der Europäischen Union.
D. in der Volksrepublik China.
E. Keine Antwort ist richtig.

Antwort: **C**

In Spanien ist das BNE/Kopf kleiner als im Durchschnitt der Europäischen Union.

Spanien = 15.732 € < Europäische Union = 17.723 €

62. Zwischen Deutschland und Österreich beträgt die Differenz des BNE/Kopf etwa …

A. 1.000 €.
B. 1.100 €.
C. 1.200 €.
D. 1.300 €.
E. Keine Antwort ist richtig.

Antwort: **C**

Die Differenz beträgt genau 1.200 €.

Österreich = 23.557 €; Deutschland = 22.357 €

23.557 € - 22.357 € = 1.200 €

63. Im Durchschnitt erwirtschaftet jeder Italiener ungefähr …

A. 10-mal so viel wie ein Russe.
B. 2-mal so viel wie ein Spanier.
C. 17-mal so viel wie ein Chinese.
D. 5-mal so viel wie ein Türke.
E. Keine Antwort ist richtig.

Antwort: **C**

Im Durchschnitt ist das BNE/Kopf eines Italieners etwa 17-mal höher als das eines Chinesen.

Italien = 18.820 €; Volksrepublik China = 1.106 €

18.820 € ÷ 1.106 € ≈ 17,02

64. Wenn das BNE/Kopf in der Schweiz im folgenden Jahr um 25 % sinkt, während es in den anderen Ländern konstant bleibt, würde die Schweiz hinter den USA auf Platz …

A. eins der Tabelle stehen.
B. zwei der Tabelle stehen.
C. drei der Tabelle stehen.
D. vier der Tabelle stehen.
E. Keine Antwort ist richtig.

Antwort: **B**

Die Schweiz würde mit einem um 25 % verminderten BNE/Kopf auf Platz zwei der Tabelle hinter den USA und vor Japan liegen.

Schweiz = 35.123 € ; USA = 27.809 €; Japan = 25.257 €

$$\text{Prozentwert} = \frac{\text{Grundwert} \times \text{Prozentsatz}}{100}$$

$$\text{Prozentwert} = \frac{35.123\ € \times 75}{100} = 26.342{,}25\ € \text{ (Schweiz -25 \%)}$$

25.257 € < 26.342,25 € < 27.809 €

---

65. Welches Land hat die zweitgrößte Bevölkerung?

A. Volksrepublik China
B. Russland
C. USA
D. Indien
E. Keine Antwort ist richtig.

Antwort: **D**

Platz eins belegt die Volksrepublik China mit 1,321 Mrd. Einwohnern vor Indien mit 1,148 Mrd. Einwohnern.

Logisches Denken: 66 – 75

Zahlenreihen

66.

| 9/4 | 8/5 | 7/6 | 6/7 | ? |

A. $\dfrac{3}{7}$

B. $\dfrac{4}{8}$

C. $\dfrac{5}{8}$

D. $\dfrac{9}{4}$

E. Keine Antwort ist richtig.

Antwort: **C**

Zähler um eins reduzieren, Nenner um eins erhöhen.

67.

| 6 | 18 | 36 | 5 | 15 | 30 | 4 | ? |

A. 12
B. 20
C. 3
D. 34
E. Keine Antwort ist richtig.

Antwort: **A**

x | x × 3 | x × 6 | x - 1 | (x-1) × 3 | (x-1) × 6 | x-2 | (x-2) × 3

68.

| 13 | 17 | 19 | 23 | ? |

A. 21
B. 29
C. 31
D. 33
E. Keine Antwort ist richtig.

Antwort: **B**

29 ist die auf 23 folgende Primzahl.

69.

| $\frac{2}{4}$ | $\frac{4}{4}$ | $\frac{8}{4}$ | $\frac{16}{4}$ | ? |

A. $\frac{18}{4}$

B. $\frac{32}{6}$

C. $\frac{24}{4}$

D. $\frac{32}{4}$

E. Keine Antwort ist richtig.

Antwort: **D**

×2 | ×2 | ×2 | ×2

70.

| 2 | 4 | 12 | 24 | 72 | ? |

- A. 18
- B. 216
- C. 144
- D. 15
- E. Keine Antwort ist richtig.

Antwort: **C**

×2 | ×3 | ×2 | ×3 | ×2

71.

| 36 | 9 | 12 | 3 | ? |

- A. 7
- B. 6
- C. 8
- D. 17
- E. Keine Antwort ist richtig.

Antwort: **B**

÷4 | +3 | ÷4 | +3

72.

| 98 | 89 | 76 | 67 | 54 | ? |

- A. 98
- B. 32
- C. 45
- D. 54
- E. Keine Antwort ist richtig.

Antwort: **C**

Vertauschung der Ziffern, 54 wird zu 45

73.

| 9 | 27 | 24 | 72 | 69 | 207 | ? |

- **A.** 144
- **B.** 132
- **C.** 138
- **D.** 204
- **E.** Keine Antwort ist richtig.

Antwort: **D**

×3 | -3 | ×3 | -3 | ×3 | -3

74.

| 144 | 36 | 72 | 18 | 36 | ? |

- **A.** 42
- **B.** 56
- **C.** 54
- **D.** 9
- **E.** Keine Antwort ist richtig.

Antwort: **D**

÷4 | ×2 | ÷4 | ×2 | ÷4

75.

| 42 | 38 | 40 | 38 | 38 | 38 | ? |

- **A.** 30
- **B.** 38
- **C.** 42
- **D.** 36
- **E.** Keine Antwort ist richtig.

Antwort: **D**

44-2 | 38 | 42-2 | 38 | 40-2 | 38 | 38-2

Die 38 wird immer beibehalten.

Sprachverständnis: 76 – 80

Fremdwörter

Ordnen Sie den Fremdwörtern die richtige Bedeutung zu, indem Sie den Aufgaben im Lösungsbogen die korrekten Buchstaben zuordnen.

Fremdwort	Bedeutung
76. kurios	A. Nationalist
77. Chauvinist	B. ursächlich
78. redundant	C. voneinander abhängig
79. interdependent	D. überflüssig
80. kausal	E. merkwürdig

Lösung

Fremdwort	Bedeutung
76. kurios	E. merkwürdig
77. Chauvinist	A. Nationalist
78. redundant	D. überflüssig
79. interdependent	C. voneinander abhängig
80. kausal	B. ursächlich

Sprachverständnis: 81 – 85

Gegenteilige Begriffe

Ordnen Sie den Begriffen die gegenteilige Bedeutung zu, indem Sie den Aufgaben im Lösungsbogen die korrekten Buchstaben zuordnen.

Begriffe	Gegenteilige Begriffe
81. Synonym	A. Gefrierpunkt
82. Freiheit	B. unambitioniert
83. Opportunismus	C. Dogmatismus
84. ehrgeizig	D. Antonym
85. Siedepunkt	E. Gefangenschaft

Lösung

Begriffe	Gegenteilige Begriffe
81. Synonym	D. Antonym
82. Freiheit	E. Gefangenschaft
83. Opportunismus	C. Dogmatismus
84. ehrgeizig	B. unambitioniert
85. Siedepunkt	A. Gefrierpunkt

Logisches Denkvermögen: 86 – 90

Sprachanalogien

86.

Skala : Thermometer   wie   Ziffernblatt : ?

A. Bild
B. Skizze
C. Uhr
D. Bildschirm
E. Tableau

Antwort: **C**

87.

Auto : Benzin   wie   Computer : ?

A. Speicher
B. Prozessor
C. Strom
D. Daten
E. Tastatur

Antwort: **C**

88.

Sauerstoff : Mensch   wie   Stickstoff : ?

A. Verbrennung
B. Tier
C. Pflanze
D. Reptil
E. Stoffwechsel

Antwort: **C**

89.

Mikroskop : Biologie   wie   Teleskop : ?

A. Astronomie
B. Astrologie
C. Sternwarte
D. Feldstecher
E. Raumschiff

Antwort: **A**

90.

Getreide : Silo   wie   Öl : ?

A. Raffinerie
B. Motor
C. Heizung
D. Tank
E. Schiff

Antwort: **D**

Sprachverständnis: 91 – 100

Rechtschreibung

91.

A. Der Stantard unserer Gesellschaft ist hoch.
B. Der Standard unserer Geselschaft ist hoch.
C. Der Stantard unserer Gesellschaft ist hoch.
D. Der Standard unserer Gesellschaft ist hoch.
E. Keine Antwort ist richtig.

Antwort: **D**

92.

A. Das Interwiev ist brandaktuell.
B. Das Interview ist brand aktuel.
C. Das Interview ist brandaktuell.
D. Das Interviuw ist brand aktuell.
E. Keine Antwort ist richtig.

Antwort: **C**

93.

A. Die Ressourcen sind knapp.
B. Die Resourcen sind knapp.
C. Die Ressoursen sind knapp.
D. Die Resoursen sind knapp.
E. Keine Antwort ist richtig.

Antwort: **A**

94.

A. Krise ist in der Medizien ein Fachbegriff.
B. Kriese ist in der Medizien ein Fachbegriff.
C. Krise ist in der Medizin ein Fachbegriff.
D. Kriese ist in der Medizin ein Fachbegriff.
E. Keine Antwort ist richtig.

Antwort: **C**

95.

- A. Die Schahle schält man besser ab.
- B. Die Schale schält man besser ab.
- C. Die Schahle schelt man besser ab.
- D. Die Schale schelt man besser ab.
- E. Keine Antwort ist richtig.

Antwort: **B**

96.

- A. Der Schef amüsierte sich mit dem Pförtner.
- B. Der Chef amüsierte sich mit dem Pförtner.
- C. Der Chef amüssierte sich mit dem Pförtner.
- D. Der Chef amüsierte sich mit dem Förtner.
- E. Keine Antwort ist richtig.

Antwort: **B**

97.

- A. Der Manager appellierte an die Vernunft der Sekretärin.
- B. Der Manager apellierte an die Vernunft der Sekretärin.
- C. Der Manager appelierte an die Vernunft der Sekretärin.
- D. Der Manager appellierte an die Vernunft der Sekreterin.
- E. Keine Antwort ist richtig.

Antwort: **A**

98.

- A. Der Klown im Zirkus hat eine rote Nase.
- B. Der Clown im Cirkus hat eine rote Nase.
- C. Der Clovn im Zirkus hat eine rote Nase.
- D. Der Clown im Zirkus hat eine rote Nase.
- E. Keine Antwort ist richtig.

Antwort: **D**

99.

A. Der plötzliche Tod überraschte alle.
B. Der plözliche Tod überraschte alle.
C. Der plötzliche Tot überraschte alle.
D. Der plötzliche tod überaschte Alle.
E. Keine Antwort ist richtig.

Antwort: **A**

100.

A. Handkranaten haben eine dem Kranatapfel ähnliche Form.
B. Handgranaten haben eine dem Granatapfel änliche Form.
C. Handgranaten haben eine dem Granatapfel ähnliche Form.
D. Handkranaten haben eine dem Granatapfel ähnliche Form.
E. Keine Antwort ist richtig.

Antwort: **C**

Sprachverständnis: 101 – 105

Englisch

101. Since your husband isn't at home this weekend, _____ you like to visit us.

- A. will
- B. won't
- C. wouldn't
- D. want
- E. does

Antwort: **C**

Die Übersetzung dieses Satzes lautet: „*Da dein Mann nicht zuhause ist dieses Wochenende, **würde** es Dir **nicht** gefallen, uns zu besuchen?*" Die Antwort (E) können wir direkt zu Beginn ausschließen, da diese Variante in der falschen Zeitform steht (does – Gegenwart; die richtige Zeitform wäre das Futur) und da sich somit eine grammatikalisch falsche Konstruktion ergeben würde (does you like to visit us – täte es dir Spaß machen uns zu besuchen). Auch inhaltlich würde der Satz so keinen Sinn ergeben. Die Antwort (A) kann ausgeschlossen werden, da es sich um einen inhaltlich falschen Satz handeln würde (*will you like to visit us* – willst du es mögen uns zu besuchen); so steht auch der Nebensatz nicht mehr im Zusammenhang mit dem ersten Satz, der sich auf das Fernbleiben des Ehemanns am Wochenende bezieht. Die Antwort (B) ist nicht korrekt, da der Satz nach dem Einsetzen keinen Sinn mehr ergeben würde (*won't you like to visit us* – wird nicht Du es mögen uns zu besuchen); auch die Antwort (D) kann als falsch klassifiziert werden, da sich auch mit dieser Variante der Sinn des Satzes verschieben würde (*want you like to visit us* – willst Du es mögen uns zu besuchen). Nur Antwort (C) kann die inhaltlich und grammatikalisch korrekte Satzstruktur herstellen.

102. The boys fail _____ the test at the first try.

- A. passing
- B. pass
- C. will pass
- D. to pass
- E. passed

Antwort: **D**

Die korrekte Übersetzung des Satzes ist: „*Die Jungs versäumen es, den Test im ersten Anlauf **zu bestehen**.*" Die einzusetzende Lösung ist Antwort (D) **„to pass"** (zu bestehen). Die Antworten (A), (B) und (E) können erstens ausgeschlossen werden, da hier die

Präposition **„to"** (zu) fehlt. Antwort (A) ist zudem falsch, da die ing-Form an dieser Stelle überflüssig ist; Antwort (E) ist inkorrekt, da die falsche Zeitform verwendet wird (passed – Vergangenheit). Antwort (C) kann schließlich ausgeschlossen werden, da mit dieser Konstruktion der Satz inhaltlich und grammatikalisch falsch wäre: **„will pass"** ist die Zukunftsform von **„to pass"**, die an dieser Stelle jedoch nicht als adäquate Lösung beschrieben werden kann.

103. Please get me some beer when you _____ to the pub.

A. go
B. are go
C. will going
D. are went
E. went

Antwort: **A**

Die Übersetzung des Satzes lautet: *„Bitte bring mir Bier mit, wenn Du zur Kneipe **gehst**."* Antwort (B) kann von vornherein ausgeschlossen werden, da es sich um eine grammatikalisch falsche Zusammensetzung handelt. Das Verb **„go"** kann in der Infinitivform nicht mit dem Verb **„are"** zusammengehen; aus **„go"** müsste **„going"** werden um die grammatische Richtigkeit zu wahren. Antwort (D) kann als falsch ausgewiesen werden, da es hier zu einem Zeitmix kommen würde: das Verb **„are"** („sein") steht in der Gegenwart (Verg. **„were"**), das Verb **„went"** („ging") hingegen in der Vergangenheit (Ggw. „go"). Auch Antwort (E) muss ausgeschlossen werden, da auch hier die Zeitformen durcheinander geraten würden (**„went"** Verg. von **„go"**). Die Antwort (C) ist auch falsch, da hier die ing-Form („going") überflüssig ist. Aus diesem Grund ist nur die Antwort (A) die korrekte Variante.

104. Mrs Webster is ___ old lady.

A. a
B. an
C. that
D. then
E. than

Antwort: **B**

Die Übersetzung des Satzes lautet: *„Frau Webster ist **eine** alte Frau."* Die Antwort (C) ist falsch, da mit dem Einsetzen eine Sinnverschiebung stattfinden würde (*Mrs. Webster is that old lady* – Frau Webster ist diese alte Frau). Die Antworten (D) und (E) treffen nicht zu, da mit dem Einsetzen dieser Termini der Satz seine grammatikalische und inhaltliche Richtigkeit einbüßen würde (*Mrs. Webster is then old lady* - Frau Webster ist *dann* alte Frau; bzw. *Mrs. Webster is than old lady* - Frau Webster ist *als/denn* alte Frau). Nun erscheinen jedoch die Antworten (A) und (B) beide möglich, jedoch ist nur die Antwort (B) korrekt. Es muss „**an**" statt „**a**" eingesetzt werden, da das nachfolgende Wort „**old**" mit einem Vokal beginnt. Und die Regel sagt: „**an**" wird verwendet, wenn das nächste Wort mit einem Vokal (Selbstlaut) beginnt, „**a**" wird verwendet, wenn das nächste Wort mit einem Konsonanten (Mitlaut) beginnt. Daher kann nur die Antwort (B) als korrekt gelten.

---

105. _____ **the better he feels.**

- **A.** If he earns more money
- **B.** When he earns more money
- **C.** More money he earns
- **D.** The more money he earns
- **E.** He makes more money

Antwort: **D**

Übersetzt lautet dieser Satz: *„**Je mehr Geld er verdient**, desto besser fühlt er sich."* Wir müssen also den ersten Teil des Satzes einfügen. Der Satz ergibt korrekt ausformuliert die Formel *Je mehr ... desto besser ...* Die Antworten (A), (B), (C) und (E) können nicht richtig sein, das sie nicht die geforderte Formel ergeben. Nur mit der Antwort (D) kann die notwendige „*Je mehr... desto besser ...*" Konstruktion gelingen.

Visuelles Denkvermögen: 106 – 110

Gemischte Aufgaben

106. Die Dominosteine sind nach einer bestimmten Logik angeordnet.

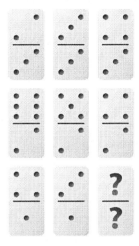

Welcher der Dominosteine ersetzt den Stein mit den zwei Fragezeichen sinnvoll?

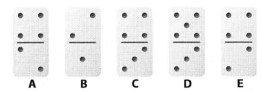

Antwort: **B**

Die untere Zahl muss 1 und die obere 2 lauten.

Oben: 4 3 2

Unten: 1 1 1

107. Sie sehen ein Quadrat mit acht Objekten. Das neunte Objekt soll sinnvoll nach einer bestimmten Regel ergänzt werden.

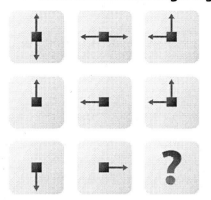

Durch welches der fünf Objekte wird das Fragezeichen oben logisch ersetzt?

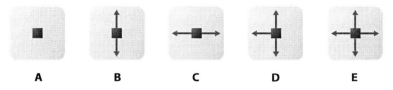

A   B   C   D   E

Antwort: **A**

Das Fragezeichen wird durch das Objekt A logisch ersetzt.

Gehen Sie von links nach rechts vor.

In der linken Reihe ergeben die oberen beiden Objekte zusammen das untere Objekt, wobei das untere vom oberen Objekt abgezogen wird.

In der mittleren Reihe ergeben die oberen beiden Objekte zusammen das untere Objekt, wobei das untere vom oberen Objekt abgezogen wird.

In der rechten Reihe ergeben die oberen beiden Objekte zusammen das untere Objekt, wobei das untere vom oberen Objekt abgezogen wird.

108. Aus wie vielen Flächen setzt sich diese Figur zusammen?

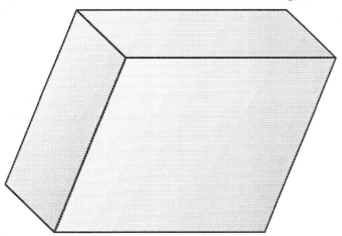

A. 3
B. 4
C. 5
D. 6
E. Keine Antwort ist richtig.

Antwort: **D**

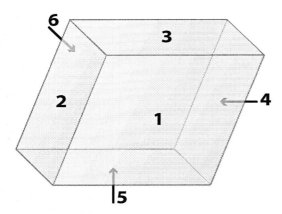

109. Sie sehen ein Quadrat mit neun Zahlen. Die Zahlen setzen sich nach einer bestimmten Logik zusammen. Prüfen Sie bitte die Ergebnisse und kreuzen Sie das falsche Ergebnis durch den entsprechenden Buchstaben im Lösungsbogen an.

18	20	24
19	21	22
21	23	27

Welche Zahl in dem Rechteck ist falsch?

A. 21
B. 23
C. 27
D. 22
E. 24

Antwort: **D**

24 + 1 = 25 (von oben nach unten)

Es wird von links nach rechts +2 und dann +4 addiert und von oben nach unten +1 und dann +2 addiert.

18 +2 20 +4 24
+1   +1   +1
19 +2 21 +4 **25**
+2   +2   +2
21 +2 23 +4 27

Prüfung 4

110. Bei den nächsten Aufgabe geht es darum, die richtigen Zahlen für die Symbole zu finden. Dabei entsprechen einzelne Symbole einer Zahl von 0 bis 9 und zusammenstehende Symbole einer Zahl von 10 bis 99.
Ihre Aufgabe besteht darin, aus den vier vorgegebenen Zahlen die Zahl zu finden, die für ein bestimmtes Symbol eingesetzt werden kann, damit die Aufgabe richtig gelöst werden kann.

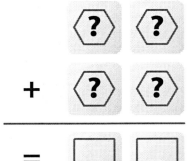

Welche Zahl muss für das Sechseck eingesetzt werden?

A. 4
B. 5
C. 6
D. 7
E. Keine Antwort ist richtig.

Antwort: **A**

Es muss die Zahl 4 für das Sechseck eingesetzt werden.

Sechseck = 4

Viereck = 8

44 + 44 = 88

Lösungsbogen zur Prüfung 4

Name: *Musterfrau*	Vorname: *Anna*
Datum: *30. Mai 2009*	
Voraussichtlicher Schulabschluss: *Mittlere Reife*	Telefonnummer: *01234-123456*
Alter: *17*	
Bewerbung zum … *Industriekauffrau*	

Kreuzen Sie bitte bei der jeweiligen Aufgabe nur einen Buchstaben an. Wenn Sie einen Buchstaben falsch angekreuzt haben sollten, dann machen Sie bitte einen Kreis um das falsche Kreuz und setzen Sie das neue Kreuz bei dem gewünschten Buchstaben ein.

Nr.	Antwort	Nr.	Antwort	Nr.	Antwort	Nr.	Antwort
1.	C	31.	D	61.	C	91.	D
2.	D	32.	D	62.	B	92.	B
3.	D	33.	D	63.	C	93.	A
4.	C	34.	E	64.	B	94.	C
5.	A	35.	B	65.	E	95.	B
6.	C	36.	A	66.	C	96.	B
7.	D	37.	A	67.	A	97.	A
8.	B	38.	C	68.	D	98.	D
9.	B	39.	B	69.	B	99.	B
10.	B	40.	B	70.	C	100.	D
11.	C	41.	A	71.	B	101.	C
12.	A	42.	B	72.	C	102.	D
13.	B	43.	C	73.	D	103.	A
14.	C	44.	C	74.	C	104.	C
15.	A	45.	B	75.	E	105.	E
16.	B	46.	D	76.	E	106.	B
17.	D	47.	D	77.	A	107.	A
18.	C	48.	C	78.	C	108.	C
19.	B	49.	C	79.	B	109.	D
20.	A	50.	E	80.	D	110.	A
21.	C	51.	C	81.	D		
22.	B	52.	B	82.	E		
23.	D	53.	A	83.	C		
24.	C	54.	D	84.	C		
25.	A	55.	C	85.	A		
26.	D	56.	B	86.	D		
27.	C	57.	B	87.	D		
28.	D	58.	D	88.	D		
29.	B	59.	B	89.	A		
30.	B	60.	D	90.	E		

Prüfung 5

Prüfung 5

Allgemeinwissen: 1 – 10

Verschiedene Themen

1. Wann verfasste Martin Luther die bekannten 95 Thesen, die zur Auslösung der Reformation führten?

A. 1418
B. 1450
C. 1518
D. 1618
E. Keine Antwort ist richtig.

Antwort: **C**

Luther verfasste die 95 Thesen, die auf den Ablasshandel Bezug nahmen, 1518. Diese Thesen fanden großen öffentlichen Anklang und lösten die Reformation aus. Darin protestierte Luther weniger gegen die Finanzpraktiken der Katholischen Kirche als gegen die darin zum Ausdruck kommende verkehrte Bußgesinnung. Der Ablasshandel war für ihn der äußere Anlass, eine grundlegende Reform der ganzen Kirche „an Haupt und Gliedern" zu fordern.

---

2. Wie schreibt man ein Dreiviertel als Prozent?

A. 15 %
B. 45 %
C. 60 %
D. 75 %
E. Keine Antwort ist richtig.

Antwort: **D**

Prozentangaben drücken Mengenverhältnisse aus und erfüllen die gleiche Funktion wie die Formulierungen „ein Halb" oder „ein Viertel". Dabei ist „ein Halb" gleich „50 %" und „ein Viertel" gleich „25 %" und Dreiviertel „75 %".

3. Wie addiert man zwei Brüche?

A. Indem man Nenner und Nenner sowie Zähler und Zähler addiert.
B. Indem man Nenner und Nenner addiert sowie Zähler und Zähler multipliziert.
C. Indem man Nenner und Nenner multipliziert und bei gleichem Zähler den Zähler addiert.
D. Indem man Zähler und Zähler addiert und bei gleichem Nenner den Nenner beibehält.
E. Keine Antwort ist richtig.

Antwort: **D**

Man kann Brüche nur addieren, wenn sie den gleichen Nenner haben. Bei ungleichem Nenner ist einer der Brüche so zu erweitern oder zu kürzen, dass ein gemeinsamer Nenner entsteht. Bei gleichem gemeinsamen Nenner besteht die Addition dann darin, die Zähler zu addieren und den Nenner beizubehalten.

4. Wer war der erste Mensch im Weltall?

A. Juri Gagarin
B. Neil Armstrong
C. Buzz Aldrin
D. Oleg Antonow
E. Keine Antwort ist richtig.

Antwort: **A**

Juri Gagarin war ein sowjetischer Kosmonaut und der erste Mensch im Weltall. Am 12. April 1961 umrundete Juri Gagarin mit dem Raumschiff Wostok 1 einmal die Erde in 108 Minuten.

5. Wie heißt der amerikanische Geheimdienst?

A. Dipartimento delle Informazioni per la Sicurezza (DIS)
B. Federal Bureau of Investigation (FBI)
C. Secret Intelligence Service (SIS)
D. Central Intelligence Agency (CIA)
E. Keine Antwort ist richtig.

Antwort: **D**

CIA steht für „Central Intelligence Agency", den US-amerikanischen Geheimdienst. Ein Nachrichtendienst oder auch Geheimdienst ist eine verdeckt und mit nachrichtendienstlichen Mitteln operierende Behörde, die Informationen zur außen-, innen- und sicherheitspolitischen Situation sammelt und diese auswertet.

6. Wofür steht die Abkürzung KG?

A. Kapitalgesellschaft
B. Kapitalgeber
C. Kapitalgesetz
D. Kommanditgesellschaft
E. Keine Antwort ist richtig.

Antwort: **D**

Eine Kommanditgesellschaft (KG) ist eine Personengesellschaft, in der sich zwei oder mehr natürliche Personen oder juristische Personen zusammengeschlossen haben, um unter einer gemeinsamen Firma ein Handelsgewerbe zu betreiben.

7. Welche Auswirkung könnte eine Aufwertung des Dollars für die deutsche Wirtschaft haben?

A. Die Importe werden günstiger.
B. Es wird mehr importiert.
C. Der Urlaub in den USA wird günstiger.
D. Die Importe werden teurer.
E. Keine Antwort ist richtig.

Antwort: **D**

Eine Dollaraufwertung bedeutet für Deutschland, dass sich Waren, die in Dollar bezahlt werden, verteuern.

Wechselkursveränderungen sind ein einflussreicher Faktor auf die gesamtwirtschaftliche Entwicklung eines Landes und die seiner Handelspartner. Die Auswirkungen sind sehr vielförmig, ihre volle Entwicklung erreichen sie erst über einen längeren Zeitraum. Eine Abwertung der inländischen oder Aufwertung einer ausländischen Währung bewirkt direkt einen Anstieg der Importpreise und somit des Konsumentenpreisindex. Mittelfristig bedeutet eine Aufwertung einen Verlust an Wettbewerbsfähigkeit der inländischen Unternehmen, da die exportierten Güter im Ausland teurer und die Exporte zurückgehen werden. Dagegen wirkt sich eine Abwertung stimulierend auf die Exportwirtschaft aus. Somit haben Wechselkursänderungen Auswirkungen auf die Inflationsentwicklung. Eine inländische Abwertung oder ausländische Aufwertung hat zur Folge, dass Inländer weniger Güter kaufen können, wodurch das real verfügbare Einkommen sinkt, da die Verbraucher mehr Geld für importierte Güter ausgeben müssen. Umgekehrt wirkt eine inländische Aufwertung oder ausländische Abwertung inflationsbremsend, da das real verfügbare Einkommen steigt.

8. Was sind Subventionen?

A. Unterstützung des Militärs
B. Strafen, die bei Verstoß gegen Gesetze angeordnet werden
C. Mindestlöhne in der Landwirtschaft
D. Finanzielle Unterstützung des Staates für Unternehmen
E. Keine Antwort ist richtig.

Antwort: **D**

Subventionen sind finanzielle Vorteile, die von einem Staat an private Haushalte, an private Unternehmen oder andere Staaten vergeben werden.

Zum einen gibt es direkte Subventionen als Zuschuss, Kredit zu besonderen Konditionen, Bürgschaft oder Förderungskapital. Zum anderen vergibt der Staat indirekt Subventionen durch Steuererlass, Steuerbefreiung und Steuerermäßigung, Zollbefreiungen, Rückvergütungen, Erstattungen und Verzicht auf Abgaben und sonstige Verbindlichkeiten.

9. Welche Aussage über Aktien trifft zu?

A. Aktien dürfen nur von Unternehmern erworben werden.
B. Um Aktien erwerben zu dürfen, muss man einen Kurs belegt haben.
C. Aktien müssen 1 Jahr gehalten werden.
D. Aktien kann man bei entsprechender Nachfrage jederzeit verkaufen.
E. Keine Antwort ist richtig.

Antwort: **D**

Die Aktie ist ein Wertpapier, das den Anteil an einer Gesellschaft verbrieft. In Deutschland werden solche Unternehmen als Aktiengesellschaft bezeichnet, die ihr Grundkapital in Aktien zerlegen und diesen Anteil verbriefen. Aktien können sowohl an einer Wertpapierbörse als auch außerbörslich gehandelt werden.

10. Durch welche der folgenden Steuern erzielt der Staat die größten Einnahmen?

A. Gewerbesteuer
B. Umsatzsteuer
C. Tabaksteuer
D. Lohnsteuer
E. Keine Antwort ist richtig.

Antwort: **B**

Der deutsche Staat konnte im Jahr 2006 Steuereinahmen von 488,4 Milliarden Euro erzielen. Die größten Posten waren die Umsatzsteuer mit 146,7 Milliarden Euro, Lohnsteuer mit 122,6 Milliarden Euro und Mineralölsteuer mit 39,9 Milliarden Euro.

Allgemeinwissen: 11 – 20

Fachbezogene Themen

11. In einem Angebot Ihres Lieferanten lesen Sie bei der Lieferbedingung den Ausdruck „ab Fabrik". Was bedeutet dieser?

A. Ihr Lieferant übernimmt alle Beförderungskosten.
B. Ihr Lieferant übernimmt die Beförderungskosten ab Fabrik.
C. Die Beförderungskosten werden von Ihnen getragen ab Fabrik.
D. Alle Beförderungskosten werden von Ihnen getragen.
E. Keine Antwort ist richtig.

Antwort: **C**

Die Lieferbedingung „ab Fabrik" bedeutet, dass von Ihnen die Transportkosten vom Produktionsort „der Fabrik" getragen werden müssen.

12. In Ihrer Bestellung vereinbaren Sie mit Ihrem Lieferanten eine Konventionalstrafe bei verspäteter Lieferung. Welche Aussage zur Konventionalstrafe ist richtig?

A. Die Konventionalstrafe kann nur eingefordert werden, wenn Ihrem Unternehmen durch die verspätete Lieferung ein Schaden entstanden ist.
B. Sie können die Konventionalstrafe vom Lieferanten nicht fordert, wenn dieser die verspätete Lieferung vorzeitig ankündigt.
C. Die Konventionalstrafe ist ein schuldrechtlicher Vertrag zwischen den Vertragspartnern.
D. Die Konventionalstrafe ist eine Strafe, die entweder vom Gläubiger oder Schuldner gezahlt werden muss, je nach Sachlage.
E. Keine Antwort ist richtig.

Antwort: **C**

Die Konventionalstrafe, auch Vertragsstrafe genannt, ist eine vertraglich festgelegte Strafe für den Fall, dass vertragliche Verpflichtungen nicht erfüllt werden. Für die Zahlung einer Konventionalstrafe ist es unerheblich, ob dadurch ein Schaden entstanden ist. Eine Konventionalstrafe wird z.B. für den Fall vereinbart, wenn Lieferzeiten nicht eingehalten werden. Im Baugewerbe wird sie häufig für die nicht rechtzeitige Fertigstellung von Gebäuden vereinbart.

13. Was ist eine Konventionalstrafe?

A Agenturstrafe
B Verzugszinsen
C Richterliche Strafe
D Vertragsstrafe
E Keine Antwort ist richtig.

Antwort: **D**

Die Konventionalstrafe, auch Vertragsstrafe genannt, ist eine vertraglich festgelegte Strafe für den Fall, dass vertragliche Verpflichtungen nicht erfüllt werden. Eine Konventionalstrafe wird z.B. für den Fall vereinbart, wenn Lieferzeiten nicht eingehalten werden. Im Baugewerbe wird sie häufig für die nicht rechtzeitige Fertigstellung von Gebäuden vereinbart.

14. Bei der Herstellung von Gütern können verschiedene Verfahren eingesetzt werden. Welche Aussage zum „Just-in-Time-Verfahren" ist richtig?

A. Das Just-in-Time-Verfahren ist ein System, das eine reibungslose Produktion am besten garantiert.
B. Beim Just-in-Time Verfahren spricht man von der fertigungssynchronen Beschaffung.
C. Das Just-in-Time-Verfahren ist ein Produktionsverfahren, bei dem die Lagerkosten gering gehalten werden können und die Gefahr eines Produktionsausfalls minimal ist.
D. Das Just-in-Time-Verfahren ist ein Produktionsverfahren, das zwar hohe Lagerkosten verursacht, aber eine Unabhängigkeit vom Lieferanten fördert.
E. Keine Antwort ist richtig.

Antwort: **B**

Die Just-in-Time-Produktion wird auch als bedarfs- oder fertigungssynchrone Produktion bezeichnet. Güter und Bauteile werden dabei von den Zulieferern erst bei Bedarf direkt ans Montageband geliefert, so dass Lagerkosten eingespart werden und die Kapitalbindung gering ist. Doch besteht dabei das Risiko des Produktionsausfalls, wenn nur ein Glied in der Lieferkette versagt.

15. Welche Tätigkeiten werden in einem Industriebetrieb im Lager und in der Warenannahme ausgeführt?

A. Das Bearbeiten und Aktualisieren des Bezugsquellenverzeichnisses.
B. Die Qualitätsprüfung der eingetroffenen Ware.
C. Die Überprüfung des Liefertermins.
D. Die Erstellung von Stücklisten für die Fertigungsabteilung.
E. Keine Antwort ist richtig.

Antwort: **B**

Die Warenannahme eines Lagers hat die eintreffende Ware auf ihre Qualität und Vollständigkeit hin zu überprüfen.

16. Welche Auswirkungen könnte die versehentliche Nichteintragung einer Warenlieferung von Rohstoffen in einem Industriebetrieb haben?

A. Von den Rohstoffen wird zu wenig bestellt.
B. Der Sollbestand ist höher als der bei der Inventur gezählte tatsächliche Bestand.
C. Von den Rohstoffen wird zu viel bestellt.
D. Der bei der Inventur festgestellte Istbestand ist zu niedrig.
E. Keine Antwort ist richtig.

Antwort: **C**

Wird eine Warenlieferung nicht registriert, ist das für die Buchhaltung und den Warenbestand so, als ob diese nicht vorhanden wäre, was dazu führen kann, dass diese nochmals bestellt werden kann. Bei der Inventur wird dann ein zu hoher Istbestand festgestellt.

17. Zwischen welchen beiden Parteien wird in Deutschland ein Tarifvertrag abgeschlossen?

A. Zwischen Betriebsrat und Arbeitgeber.
B. Zwischen den Mitgliedern der einzelnen Gewerkschaften.
C. Zwischen der Politik und den Gewerkschaften.
D. Zwischen den Arbeitgeberverbänden und den Gewerkschaften.
E. Keine Antwort ist richtig.

Antwort: **D**

Tarifverträge werden zwischen den Tarifpartnern, also Arbeitgeberverbänden und Gewerkschaften, ausgehandelt und sind für die Mitglieder der vertragsschließenden Parteien verbindlich. Es gibt verschiedene Arten von Verträgen wie den Mantel- oder den Rahmentarifvertrag. Manteltarifverträge beinhalten nicht die konkrete Vergütungshöhe und auch nicht die Eingruppierung der Beschäftigten in Lohn- oder Gehaltsgruppen. Diese sind gewöhnlich in einem Rahmentarifvertrag geregelt. Inhalte eines Manteltarifvertrages sind längerfristige allgemeine Regelungen, wie Einstellungs- und Kündigungsbedingungen, Dauer des Urlaubs, Arbeitszeitregelungen, Regelungen zu Krankheit, Krankmeldung und Lohnfortzahlung, Zuschläge für Mehr-, Nacht- und Schichtarbeit, Arbeitsbedingungen, Vermögenswirksame Leistungen und Bestimmungen zum Rationalisierungsschutz sowie zur Qualifizierung.

18. Wie könnte sich eine tarifliche Lohnerhöhung auf den Konsum der privaten Haushalte auswirken?

A. Durch eine tarifliche Lohnerhöhung steigt das verfügbare Einkommen, was i.d.R. zu einer erhöhten Nachfrage der privaten Haushalte führt.
B. Durch eine tarifliche Lohnerhöhung verändert sich das Konsumverhalten der privaten Haushalte unwesentlich, da die Inflationsrate fällt.
C. Durch die gestiegenen Lohnkosten sinken gleichzeitig die Lohnnebenkosten für die Unternehmen.
D. Durch eine Erhöhung des verfügbaren Einkommens der privaten Haushalte sinken die Steuereinnahmen des Staates.
E. Keine Antwort ist richtig.

Antwort: **A**

Die Konsumentennachfrage wird über den Preis, den Nutzen des Gutes und das zu Verfügung stehende Einkommen beeinflusst. So hängt die Nachfrage der privaten Haushalte von dem Faktor Lohn und Lohnerhöhung ab, doch wird in der Regel nicht die gesamte Lohnerhöhung für den Konsum verwendet. Einen negativen Einfluss auf die Nachfrage haben allerdings die für das Unternehmen steigenden Kosten.

19. Bei welchem der aufgezählten Güter handelt es sich um ein Konsumgut?

A. Die Fertigungsmaschine der Industriehandelsgesellschaft.
B. Die Telefonanlage der Industriehandelsgesellschaft.
C. Die Privatwohnung des Geschäftsführers der Industriehandelsgesellschaft.
D. Der Firmenwagen des Vorstandsvorsitzenden.
E. Keine Antwort ist richtig.

Antwort: **C**

Konsumgüter sind Güter zum privaten Ge- oder Verbrauch, die primär für den privaten Konsum produziert sind. Dazu zählt auch eine Privatwohnung. Im Unterschied dazu stehen die Investitionsgüter oder Rohstoffe, die für den Produktionsprozess bestimmt sind. Allerdings zeigt sich erst bei der tatsächlichen Nutzung eines Produkts, ob es privat konsumiert oder als Arbeitsmittel in einen Produktionsprozess verwendet wird.

20. Bei welchen der aufgezählten Paare handelt es sich um Komplementärgüter?

A. Das Faxgerät und der CD-Spieler sind Komplementärgüter.
B. Das Sakko und die weißen Tennissocken sind Komplementärgüter.
C. Der Kraftstoff und das Automobil sind Komplementärgüter.
D. Das Flugzeug und der Hubschrauber sind Komplementärgüter.
E. Keine Antwort ist richtig.

Antwort: **C**

Bei Komplementärgütern handelt es sich um Güter, die sich in ihrem Nutzen ergänzen und gemeinsam nachgefragt werden. Wenn die Nachfrage nach einem der beiden Güter sinkt, ist dadurch in der Regel auch das Komplementärgut betroffen. Beispielhaft für diese Beziehung sind Computer und Software: Durch eine starke Zunahme an Computer steigt auch die Nachfrage nach Software. Andere Beispiele sind Automobile und Kraftstoff, Messer und Gabel sowie MP3-Player und Kopfhörer.

Mathematik: 21 – 25

Zinsrechnen

Bei der kaufmännischen Zinsrechnung werden dem Monat 30 Tage und dem Jahr 360 Tage zugrunde gelegt.

21. Herr Mayer möchte wissen, wie viel Zinsen er auf 45.000 € bei einem Zinssatzsatz von acht Prozent nach 120 Tagen erhält.

   A. 1.100 €
   B. 1.200 €
   C. 1.300 €
   D. 1.400 €
   E. Keine Antwort ist richtig.

Antwort: **B**

Herr Mayer würde nach 120 Tagen Zinsen in Höhe von 1.200 € erhalten.

$$\text{Zinsen} = \frac{\text{Kapital} \times \text{Zinssatz} \times \text{Tage}}{100 \times 360\,d}$$

$$\text{Zinsen} = \frac{45.000 \times 8 \times 120\,d}{100 \times 360\,d} = 1.200\,€$$

22. Für eine Festanlage erhält Herr Mayer bei einem Zinssatz von acht Prozent 3.600 € Zinsen im Jahr. Wie viel Euro hat Herr Mayer demnach angelegt?

   A. 9.000 €
   B. 9.500 €
   C. 10.000 €
   D. 10.500 €
   E. Keine Antwort ist richtig.

Antwort: **E**

Herr Mayer hat einen Betrag von 45.000 € für ein Jahr angelegt.

$$\text{Kapital} = \frac{\text{Zinsen} \times 100 \times 360\,d}{\text{Zinssatz} \times \text{Tage}}$$

$$\text{Kapital} = \frac{3.600\,€ \times 100 \times 360\,d}{8 \times 360\,d} = 45.000\,€$$

23. Herr Mayer möchte sich ein Auto für 45.000 € kaufen. Wenn er den Wagen über einen Kredit finanziert, müsste er nach drei Jahren 54.450 € zurückzahlen. Wie hoch ist der durchschnittliche Jahreszins, wenn man in der Berechnung von Zinseszinsen absieht?

A. 6 %
B. 7 %
C. 8 %
D. 9 %
E. Keine Antwort ist richtig.

Antwort: **B**

Herr Mayer hat einen Jahreszins von sieben Prozent erhalten.

$$\text{Zinssatz} = \frac{\text{Zinsen} \times 100 \times 360\,d}{\text{Kapital} \times \text{Tage}}$$

Zinsen = 54.450 € - 45.000 € = 9.450 €

$$\text{Zinssatz} = \frac{9.450\,€ \times 100 \times 360\,d}{45.000\,€ \times 1.080\,d} = 7\,\%$$

24. Herr Mayer muss wegen Liquiditätsengpässen eine Anlage in Höhe von 45.000 € vorzeitig auflösen. Bei einem Jahreszins von acht Prozent hat er 2.400 € Zinsen erhalten. Wie lange war das Geld insgesamt angelegt?

A. 200 Tage
B. 220 Tage
C. 240 Tage
D. 260 Tage
E. Keine Antwort ist richtig.

Antwort: **C**

Das Geld war insgesamt 240 Tage angelegt.

$$\text{Tage} = \frac{\text{Zinsen} \times 100 \times 360\,d}{\text{Kapital} \times \text{Zinssatz}}$$

$$\text{Tage} = \frac{2.400\,€ \times 100 \times 360\,d}{45.000\,€ \times 8} = 240\,d$$

25. Herr Mayer möchte 200 € zu einem Zinssatz von sechs Prozent für vier Monate anlegen. Welchen Betrag erhält er nach vier Monaten inklusive Zinsen zurück?

- **A.** 180 €
- **B.** 202 €
- **C.** 204 €
- **D.** 206 €
- **E.** Keine Antwort ist richtig.

Antwort: **C**

Nach vier Monaten erhält Herr Mayer 204 € inklusive Zinsen zurück.

$$\text{Zinsen} = \frac{\text{Kapital} \times \text{Zinssatz} \times \text{Tage}}{100 \times 360\,d}$$

$$\text{Zinsen} = \frac{200\,€ \times 6 \times 120\,d}{100 \times 360\,d} = 4\,€$$

Betrag = 200 € + 4 € = 204 €

Mathematik: 26 – 30

Prozentrechnen

Bei der Prozentrechnung gibt es drei Größen, die zu beachten sind, den Prozentsatz, den Prozentwert und den Grundwert. Zwei dieser Größen müssen gegeben sein, um die dritte Größe berechnen zu können.

26. Herr Müller möchte einen neuen PKW für 45.000 € erwerben. Da er ein guter Kunde ist, bekommt er einen Rabatt von 15 Prozent. Für sein altes Fahrzeug bekommt er noch 4.500 € von seinem Nachbarn. Wie viel € benötigt Herr Müller zusätzlich, um das neue Fahrzeug erwerben zu können?

   A. 32.500 €
   B. 33.200 €
   C. 33.750 €
   D. 34.300 €
   E. Keine Antwort ist richtig.

Antwort: **C**

Herr Mayer benötigt zusätzlich 33.750 €.

$$\text{Prozentwert} = \frac{\text{Grundwert} \times \text{Prozentsatz}}{100}$$

$$\text{Prozentwert} = \frac{45.000\,€ \times 15}{100} = 6.750\,€$$

45.000 € - 6.750 € - 4.500 € = 33.750 €

27. Durch seine langjährige Erfahrung im Handel konnte Herr Müller den Preis für sein neues Fahrzeug von 45.000 € auf 38.700 € drücken. Wie viel Prozent Preisnachlass konnte Herr Müller durch sein geschicktes Verhandeln erzielen?

   A. 14 %
   B. 16 %
   C. 18 %
   D. 20 %
   E. Keine Antwort ist richtig.

Antwort: **A**

Herr Müller konnte durch seine Verhandlung 14 % Rabatt erzielen.

$$\text{Prozentsatz} = \frac{\text{Prozentwert} \times 100}{\text{Grundwert}}$$

$$\text{Prozentsatz} = \frac{6.300\ € \times 100}{45.000\ €} = 14\ \%$$

28. Herr Müller erhält die passenden Winterreifen mit 15 Prozent Rabatt für einen Preis von 765 €. Wie viel hätte Herr Müller ohne Rabatt zahlen müssen?

A. 680 €
B. 800 €
C. 900 €
D. 1000 €
E. Keine Antwort ist richtig.

Antwort: **C**

Ohne Rabatt hätten die Winterreifen 900 € gekostet.

$$\text{Grundwert} = \frac{\text{Prozentwert} \times 100}{\text{Prozentsatz}}$$

$$\text{Grundwert} = \frac{765\ € \times 100}{85} = 900\ €$$

29. Herr Mayer erhält beim Autokauf einen Rabatt von 20 % auf den Rechnungspreis von 45.000 €. Bei einer Barzahlung werden ihm weitere drei Prozent Skonto gewährt. Wie hoch ist seine Rechnung, wenn er bar zahlt?

A. 32.450 €
B. 33.720 €
C. 34.592 €
D. 34.920 €
E. Keine Antwort ist richtig.

Antwort: **D**

Bei einer Barzahlung müsste Herr Müller 34.920 € zahlen.

$$\text{Prozentwert} = \frac{\text{Grundwert} \times \text{Prozentsatz}}{100}$$

$$\text{Prozentwert} = \frac{45.000\ € \times 80}{100} = 36.000\ €$$

$$\text{Prozentwert} = \frac{36.000\,€ \times 97}{100} = 34.920\,€$$

---

30. **Herr Mayer bietet sein altes Fahrzeug für 14.000 € an. Als er bemerkt, dass der Preis zu niedrig ist, erhöht er diesen um zehn Prozent. Anschließend erhöht er den Preis noch mal um fünf Prozent, da die Nachfrage nach diesem Modell sehr groß ist. Wie viel Euro kann Herr Müller für sein altes Fahrzeug erzielen?**

A. 15.170 €
B. 16.170 €
C. 17.270 €
D. 18.620 €
E. Keine Antwort ist richtig.

Antwort: **B**

Herr Müller könnte 16.170 € für sein altes Fahrzeug erzielen.

$$\text{Prozentwert} = \frac{\text{Grundwert} \times \text{Prozentsatz}}{100}$$

$$\text{Prozentwert} = \frac{14.000\,€ \times 110}{100} = 15.400\,€$$

$$\text{Prozentwert} = \frac{15.400\,€ \times 105}{100} = 16.170\,€$$

Mathematik: 31 – 35

Gemischte Aufgaben 1

Herr Mayer hat für das nächste Jahr die Bedarfsmengen für ein Metallblech prognostiziert. Hierfür hat er eine Tabelle angelegt.

Max Mayer Metall GmbH	
Lagerfläche:	2.400 m²
Monat	**Bedarfsmengen**
Januar	10 Stück
Februar	10 Stück
März	20 Stück
April	20 Stück
Mai	30 Stück
Juni	30 Stück
Juli	40 Stück
August	40 Stück
September	10 Stück
Oktober	14 Stück
November	10 Stück
Dezember	6 Stück

31. Wie hoch ist der prognostizierte Jahresbedarf an Metallblechen für das nächste Jahr?

A. 160 Stück
B. 180 Stück
C. 240 Stück
D. 280 Stück
E. Keine Antwort ist richtig.

Antwort: **C**

Der Bedarf an Metallblechen würde 240 Stück betragen.

10 + 10 + 20 + 20 + 30 + 30 + 40 + 40 + 10 + 14 + 10 + 6 = 240 Stück Jahresbedarf

32. Wie viel Prozent des Gesamtbedarfs an Metallblechen würden im ersten Halbjahr benötigt werden?

A. Ein Viertel
B. Die Hälfte
C. Mehr als die Hälfte
D. Drei Viertel
E. Keine Antwort ist richtig.

Antwort: **B**

Im ersten Halbjahr würden 50 Prozent benötigt werden.

10 + 10 + 20 + 20 + 30 + 30 + 40 + 40 + 10 + 14 + 10 + 6 = 240 Stück Jahresbedarf.

10 + 10 + 20 + 20 + 30 + 30 = 120 Stück Halbjahresbedarf

$$\text{Prozentsatz} = \frac{\text{Prozentwert} \times 100}{\text{Grundwert}}$$

$$\text{Prozentsatz} = \frac{120 \text{ Stk.} \times 100}{260 \text{ Stk.}} = 50\%$$

33. Für die Lagerung der Metallbleche werden 15 Prozent der Lagerfläche benötigt. Wie viel Quadratmeter Lagerfläche werden benötigt, wenn durch ein neues Regalsystem der Flächenbedarf auf ein Drittel reduziert werden kann?

- A. 120 m²
- B. 240 m²
- C. 360 m²
- D. 2.400 m²
- E. Keine Antwort ist richtig.

Antwort: **A**

Es würden 120 m² Lagerfläche benötigt werden.

$$\text{Prozentwert} = \frac{\text{Grundwert} \times \text{Prozentsatz}}{100}$$

$$\text{Prozentwert} = \frac{2.400 \text{ m}^2 \times 15}{100} = 360 \text{ m}^2$$

360 m² ÷ 3 = 120 m²

34. Wie hoch war der Bedarf an Metallblechen im Vorjahr, wenn die Max Mayer Metall GmbH bei der Prognose ein Plus von 50 % einkalkuliert hat?

- A. 140 Stück
- B. 160 Stück
- C. 180 Stück
- D. 200 Stück
- E. Keine Antwort ist richtig.

Antwort: **B**

Der Bedarf an Metallblechen im Vorjahr betrug 160 Stück.

$$\text{Grundwert} = \frac{\text{Prozentwert} \times 100}{\text{Prozentsatz}}$$

$$\text{Grundwert} = \frac{240 \text{ Stk.} \times 100}{150} = 160 \text{ Stk.}$$

35. Wie viel Metallbleche würde die Max Mayer Metall GmbH im nächsten Jahr tatsächlich benötigen, wenn der Absatz um fünf Prozent zum Vorjahr gesteigert werden könnte?

A. 250 Stück
B. 252 Stück
C. 260 Stück
D. 265 Stück
E. Keine Antwort ist richtig.

Antwort: **B**

Der Materialbedarf im nächsten Jahr würde 252 Stück betragen.

$$\text{Prozentwert} = \frac{\text{Grundwert} \times \text{Prozentsatz}}{100}$$

$$\text{Prozentwert} = \frac{240 \text{ Stk.} \times 105}{100} = 252 \text{ Stk.}$$

Mathematik: 36 – 40

Gemischte Aufgaben 2

Zur Herstellung eines Fertigerzeugnisses f werden verschiedene Elemente e und Teile t benötigt. Es gibt verschiedene Darstellungsformen, in der alle Einzelteile und Informationen aufgeführt sind, die zur Herstellung eines Fertigerzeugnisses benötigt werden. Ihnen liegt die folgende Skizze vor:

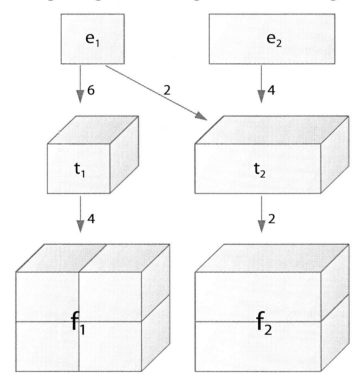

Hinweis: e = Elemente in Stk.; t = Teile in Stk.; f = Fertigerzeugnisse in Stk.

36. Wie viele Elemente e werden für die Herstellung von t_2 insgesamt benötigt?

A. 3
B. 4
C. 5
D. 6
E. Keine Antwort ist richtig.

Antwort: **D**

Es werden insgesamt 6 Elemente benötigt.

$e_1 = 2$

$e_2 = 4$

---

37. Wie viele Elemente e_1 werden für die Herstellung dieses Erzeugnisses insgesamt benötigt?

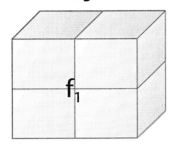

- A. 6
- B. 10
- C. 24
- D. 48
- E. Keine Antwort ist richtig.

Antwort: **C**

Es werden insgesamt 24 Elemente e_1 benötigt.

$t_1 = 6 \times e_1$

$4 \times t_1 = 24\, e_1$

38. Wie viele Elemente e₁ werden für die Herstellung dieses Erzeugnisses benötigt?

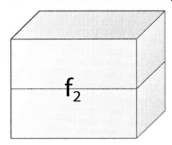

A. 2
B. 4
C. 6
D. 24
E. Keine Antwort ist richtig.

Antwort: **B**

Es werden insgesamt 4 Elemente e_1 benötigt.

$t_2 = 2 \times e_1$

$2 \times t_2 = 4\, e_1$

---

39. Wie viele Elemente „e₁" und „e₂" werden für die Herstellung dieses Erzeugnisses benötigt?

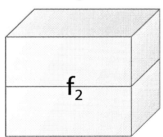

A. 4 e₁ und 8 e₂
B. 4 e₁ und 4 e₂
C. 8 e₁ und 4 e₂
D. 8 e₁ und 8 e₂
E. Keine Antwort ist richtig.

Antwort: **A**

Es werden insgesamt 4 Elemente e_1 und 8 Elemente e_2, d.h. insgesamt 12 Elemente benötigt.

$t_2 = 2 \times e_1$

$2 \times t_2 = 4\, e_1$

$t_2 = 4 \times e_2$

$2 \times t_2 = 8\, e_2$

---

40. Wie viele Elemente e_1 werden für die Herstellung dieses Erzeugnisses benötigt?

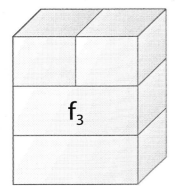

A. 4
B. 12
C. 16
D. 24
E. Keine Antwort ist richtig.

Antwort: **C**

Es werden insgesamt 16 Elemente e_1 benötigt.

$t_2 = 2 \times e_1$

$2 \times t_2 = 4\, e_1$

$f_2 = 4\, e_1$

$t_1 = 6 \times e_1$

$2 \times t_1 = 12\, e_1$

Summe: $12 + 4 = 16\, e_1$

Mathematikteil: 41 – 45

Gemischte Aufgaben 3

41. Herr Müller erwirbt einen Restposten an Elektrogeräte für 12.540 €. Da einige Geräte schon leicht beschädigt sind, erhält er einen Rabatt von 15 %. Welchen Betrag hat Herr Müller zu zahlen?

- A. 10.254 €
- B. 10.659 €
- C. 11.654 €
- D. 11.794 €
- E. Keine Antwort ist richtig.

Antwort: **B**

Herr Müller hätte abzüglich 15 % Rabatt einen Betrag von 10.659 € zu zahlen.

$$\text{Prozentwert} = \frac{\text{Grundwert} \times \text{Prozentsatz}}{100}$$

$$\frac{12.540\,€ \times 15}{100} = 1.881\,€$$

12.540 € − 1.881 € = 10.659 €

---

42. Herr Müller erhält ein Gehalt von 6.000 €. Hiervon muss er ca. 19 % an Sozialversicherungsbeiträgen abführen. Wie hoch ist der Betrag, den Herr Müller an Sozialversicherungsbeiträgen abführen muss?

- A. 1.050 €
- B. 1.070 €
- C. 1.100 €
- D. 1.140 €
- E. Keine Antwort ist richtig.

Antwort: **D**

Herr Mayer hat von seinem Gehalt 1.140 € an Sozialversicherungsbeiträgen abzuführen.

$$\text{Prozentwert} = \frac{\text{Grundwert} \times \text{Prozentsatz}}{100}$$

$$\frac{6.000\,€ \times 19}{100} = 1.140\,€$$

43. Herr Müller sieht anhand der Artikelstammliste eines Artikels den Einkaufs- und Verkaufspreis. Der EK-Preis für ein Elektrogerät liegt bei 122 € und der VK-Preis bei 219,6 €. Wie viel Prozent Gewinnspanne wurden auf den EK-Preis aufgeschlagen?

- **A.** 50 %
- **B.** 60 %
- **C.** 70 %
- **D.** 80 %
- **E.** Keine Antwort ist richtig.

Antwort: **D**

Es wurden 80 % auf den EK-Preis aufgeschlagen.

$$\text{Prozentsatz} = \frac{\text{Prozentwert} \times 100}{\text{Grundwert}}$$

$$\frac{(219{,}6\,€ - 122\,€) \times 100}{122\,€} = 80\,\%$$

44. Herr Müller möchte seinem Buchhalter eine Gehaltserhöhung von 2 % geben. Nach der Gehaltserhöhung soll der Angestellte 3.774 € verdienen. Welchen Lohn hat der Buchhalter vor der Gehaltserhöhung erhalten?

- **A.** 3.500 €
- **B.** 3.600 €
- **C.** 3.700 €
- **D.** 3.800 €
- **E.** Keine Antwort ist richtig.

Antwort: **C**

Der Buchhalter hat vor der Gehaltserhöhung einen Lohn von 3.700 €.

$$\text{Grundwert} = \frac{\text{Prozentwert} \times 100}{\text{Prozentsatz}}$$

$$\frac{3.774\,€ \times 100}{102} = 3.700\,€$$

45. Herr Müller hat seine im Lager eingesetzten Maschinen angemietet. Nach einer sechsprozentigen Mietpreisanhebung erhöht sich der Mietaufwand um 108 €. Wie hoch ist der neue Mietpreis für die Maschinen?

- A. 1.800 €
- B. 1.908 €
- C. 1.916 €
- D. 1.924 €
- E. Keine Antwort ist richtig.

Antwort: **B**

Der neue Mietpreis für die Maschinen beträgt 1.908 €.

$$\text{Grundwert} = \frac{\text{Prozentwert} \times 100}{\text{Prozentsatz}}$$

$$\frac{108\,€ \times 100}{6} = 1.800\,€$$

1.800 € + 108 € = 1.908 €

46. Bei der Qualitätskontrolle der Max Mayer Industriegesellschaft wurden im Laufe einer Woche folgende Werte für fehlerhafte Erzeugnisse ermittelt:

Wochentage	Mo.	Di.	Mi.	Do.	Fr.	Sa.
Fehlerhafte Produkte in Stk.	36	32	28	34	28	22

Wie hoch ist der durchschnittliche Ausschuss pro Tag?

- A. 30 Stk.
- B. 34 Stk.
- C. 38 Stk.
- D. 180 Stk.
- E. Keine Antwort ist richtig.

Antwort: **A**

Der durchschnittliche Ausschuss pro Tag beträgt 30 Stück.

36 + 32 + 28 + 34 + 28 + 22 = 180 Stk.

180 ÷ 6 = 30 Stk.

47. Die Max Mayer Industriegesellschaft möchte Schulden in Höhe von 12.900 $ begleichen und bittet ihre Bank, den Betrag zu überweisen. Der Wechselkurs liegt bei 1,29$ / 1€. Mit welchem Betrag wird das Konto belastet?

- **A.** 10.000 €
- **B.** 11.000 €
- **C.** 12.500 €
- **D.** 16.641 €
- **E.** Keine Antwort ist richtig.

Antwort: **A**

Das Konto wird mit 10.000 € belastet.

1,29 $ = 1 €

12.900 $ = x

$$x = \frac{12.900\ \$ \times 1\ €}{1,29\ €} = 10.000\ €$$

48. Die Max Mayer Industriegesellschaft möchte eine Rechnung in Höhe von 9.500 € begleichen und bittet ihre Bank den Betrag in Dollar zu überweisen. Der Wechselkurs liegt bei 1,19$ / 1€. Welcher Betrag in Dollar wird dem Konto gutgeschrieben?

- **A.** 11.305 $
- **B.** 11.355 $
- **C.** 12.500 $
- **D.** 13.005 $
- **E.** Keine Antwort ist richtig.

Antwort: **A**

Dem Konto werden 11.305 $ gutgeschrieben.

1,19 $ = 1 €

9.500 € = x

x = 9.500 € × 1,19 = 11.305 $

49. Nach einer Geschäftsreise in die USA möchte Herr Müller einen Betrag von 3.828 $ wieder in Euro umtauschen. Der Wechselkurs der Bank lautet 1,32 $ / 1 €. Wie viel Euro werden ausgezahlt?

- A. 3.420 €
- B. 3.220 €
- C. 2.900 €
- D. 2.850 €
- E. Keine Antwort ist richtig.

Antwort: **C**

Es werden 2.900 € ausgezahlt.

1,32 $ = 1 €

3.828 $ = x

$$x = \frac{3.828\,\$}{1,32\,\$} = 2.900\,€$$

50. Nach Abzug von 8 % Zinsen und einer Bearbeitungsgebühr von 20 € bekommt die Max Mayer Industriegesellschaft einen Betrag von 41.380 € von ihrer Bank überwiesen. Wie hoch war die Kreditsumme?

- A. 42.500 €
- B. 43.000 €
- C. 45.000 €
- D. 45.500 €
- E. Keine Antwort ist richtig.

Antwort: **C**

Die Kreditsumme beträgt 45.000 €.

41.380 € + 20 € = 41.400 €

$$\text{Grundwert} = \frac{\text{Prozentwert} \times 100}{\text{Prozentsatz}}$$

$$\frac{41.400\,€ \times 100}{92} = 45.000\,€$$

Mathematikteil: 51 – 55

Gemischte Aufgaben 4

51. Herr Müller hat einen Betrag von 16.000 € zu 10 % Zinsen angelegt. Wie lange dauert es, bis dieser Betrag auf 20.800 € angewachsen ist, wenn er keine Zinseszinsen erhält? Der Monat hat 30 und das Jahr 360 Tage.

- A. 12 Monate
- B. 24 Monate
- C. 36 Monate
- D. 48 Monate
- E. Keine Antwort ist richtig.

Antwort: **C**

Der Betrag von 16.000 € wächst bei 10 % Zinsen in 36 Monaten auf 20.800 €.

$$\text{Tage} = \frac{\text{Zinsen} \times 100 \times 360\,d}{\text{Kapital} \times \text{Zinssatz}}$$

$$\frac{4.800\,€ \times 100 \times 360\,d}{16.000\,€ \times 10} = 1.080\,d$$

1.080 d ÷ 30 = 36 Monate

---

52. Herr Müller und seine Frau verdienen monatlich zusammen 10.500 €. Herr Müllers Gehalt ist doppelt so hoch wie das seiner Frau. Wie hoch ist das Gehalt der Frau?

- A. 2.500 €
- B. 3.000 €
- C. 3.500 €
- D. 4.000 €
- E. Keine Antwort ist richtig.

Antwort: **C**

Das Gehalt von Frau Müller beträgt 3.500 €.

Herr Müller = ²/₃ von 10.500 € = 7.000 €

Frau Müller = ¹/₃ von 10.500 € = 3.500 €

53. Herr Müller erhält monatlich ein Fixgehalt von 5.000 € und eine Umsatzprovision von 4 %. Welchen Umsatz muss er erzielen, um ein Gesamteinkommen von 7.000 € zu erzielen?

- A. 48.000 €
- B. 50.000 €
- C. 50.800 €
- D. 51.000 €
- E. Keine Antwort ist richtig.

Antwort: **B**

Herr Müller muss einen Umsatz von 50.000 € erzielen.

$$Grundwert = \frac{Prozentwert \times 100}{Prozentsatz}$$

$$\frac{2.000\,€ \times 100}{4} = 50.000\,€$$

54. Die Max Mayer Industriegesellschaft hat ein Eigenkapital von 600.000 €. Bei der Gewinnausschüttung erhalten:

	Gewinnanteil
Gesellschafter A	140.000 €
Gesellschafter B	84.000 €
Gesellschafter C	56.000 €

Wie groß ist die Kapitaleinlage des Gesellschafters A, wenn der Gewinn nach dem Verhältnis der Kapitalanteile verteilt wurde?

- A. 300.000 €
- B. 310.000 €
- C. 320.000 €
- D. 330.000 €
- E. Keine Antwort ist richtig.

Antwort: **A**

Die Kapitaleinlage des Gesellschafters A beträgt 300.000 €.

140.000 € + 84.000 € + 56.000 € = 280.000 €

$$\text{Prozentsatz} = \frac{\text{Prozentwert} \times 100}{\text{Grundwert}}$$

$$\frac{140.000 \, € \times 100}{280.000 \, €} = 50\,\%$$

$$\text{Prozentwert} = \frac{\text{Grundwert} \times \text{Prozentsatz}}{100}$$

$$\frac{600.000 \, € \times 50}{100} = 300.000 \, €$$

---

55. Das Gehalt eines Mitarbeiters wurde zweimal erhöht um 2 % und 4 %, sodass der Mitarbeiter jetzt 2.652 € Lohn erhält.
Wie hoch war sein Gehalt vor den beiden Lohnerhöhungen?

A. 2.000 €
B. 2.200 €
C. 2.500 €
D. 2.600 €
E. Keine Antwort ist richtig.

Antwort: **C**

Das Gehalt betrug vor den beiden Lohnerhöhungen 2.500 €

$$\text{Grundwert} = \frac{\text{Prozentwert} \times 100}{\text{Prozentsatz}}$$

$$\frac{2.652 \, € \times 100}{104} = 2.550 \, €$$

$$\frac{2.550 \, € \times 100}{102} = 2.500 \, €$$

Mathematik: 56 – 60

Gemischte Aufgaben 5

Die Max Müller Automobilindustrie benötigt zur Herstellung von Personenkraftfahrzeugen diverse Teile. Diese werden über den Großhandel bezogen. Herr Mayer erhält von seinem Lieferanten die folgende Rechnung. Bitte überprüfen Sie die einzelnen Rechnungsbeträge auf ihre Richtigkeit!

minuscule Großhandel

Unendlichkeitsschleife 1 - 24217 Kalifornien
Telefon 04021-1234567

1.200×42,50 €	Stossdämpfer	51.000 €
1.200×29,99 €	Felgen	35.988 €
300×12,50 €	Ölfilter	3.750 €
300×2,99 €	Luftfilter	4.775 €
1.200×2,41 €	Zündkerzen	4.020 €
600×5,29 €	Scheinwerfer	3.174 €
600×39,50 €	Bremsscheiben	21.330 €
300×39,10 €	Zahnriemenspannung	10.557 €
	SUMME	134.594 €

56. Wie hoch ist der tatsächliche Preis bei korrekter Rechnung für die Bremsscheiben?

- A. 21.500 €
- B. 23.700 €
- C. 23.800 €
- D. 23.950 €
- E. Keine Antwort ist richtig.

Antwort: **B**

Der Preis für die Bremsscheiben beträgt 23.700 €.

600 × 39,50 € = 23.700 €

57. Wie hoch ist der tatsächliche Preis bei korrekter Rechnung für die Zahnriemenspannung, wenn noch 19 % Mehrwertsteuer dazugerechnet werden müssen?

A. 11.730 €
B. 12.561,3 €
C. 13.958,7 €
D. 13.999,5 €
E. Keine Antwort ist richtig.

Antwort: **C**

Der Preis für die Zahnriemenspannung inklusive Mehrwertsteuer beträgt 13.958,7 €.

300 × 39,10 € = 11.730 €

$$\text{Prozentwert} = \frac{\text{Grundwert} \times \text{Prozentsatz}}{100}$$

$$\text{Prozentwert} = \frac{11.730\,€ \times 119}{100} = 13.958,7\,€$$

58. Wie hoch ist der Gesamtpreis laut Rechnung für die Bremsscheiben und Zahnriemenspanner?

A. 29.889 €
B. 30.882 €
C. 31.887 €
D. 32.887 €
E. Keine Antwort ist richtig.

Antwort: **C**

Der Preis für die Bremsscheiben und Zahnriemenspanner beträgt laut Rechnung 31.887 €.

21.300 € + 10.557 € = 31.887 €

59. Wie hoch ist die Differenz zwischen Rechnungsbetrag und dem Betrag bei korrekter Rechnung?

A. 1.430 €
B. 1.530 €
C. 1.463 €
D. 1.650 €
E. Keine Antwort ist richtig.

Antwort: **C**

Der Unterschied beträgt 1.463 €, die zu viel von Herrn Müller verlangt wurden.

Gesamtbetrag laut Rechnung = 134.594 €

Tatsächlicher Betrag = 51.000 + 35.988 + 3.750 + 897 + 2.892 + 3.174 + 23.700 + 11.730 = 133.131 €

Differenz = 134.594 € - 133.131 € = 1.463 €

---

60. Herr Müller erhält einen Rabatt von acht Prozent auf den Rechnungsbetrag. Wie viel € hat Herr Müller insgesamt zu zahlen?

A. 122.626,45 €
B. 122.824,15 €
C. 123.814,77 €
D. 123.826,48 €
E. Keine Antwort ist richtig.

Antwort: **D**

Herr Müller hat einen Betrag von 123.826,48 € zu zahlen.

$$\text{Prozentwert} = \frac{\text{Grundwert} \times \text{Prozentsatz}}{100}$$

$$\text{Prozentwert} = \frac{134.594\,€ \times 92}{100} = 123.826,48\,€$$

Mathematik: 61 – 65

Gemischte Aufgaben 6

In der folgenden Tabelle sehen Sie den Haushaltsplan der Bundesrepublik Deutschland für die Jahre 2007 und 2008.

		2008	2007
		in Mio. Euro	
1	Bundesministerium für Arbeit und Soziales	124.041	124.311
2	Bundesschuld	42.937	40.396
3	Bundesministerium der Verteidigung	29.450	28.390
4	Bundesministerium für Verkehr, Bau und Stadtentwicklung	24.391	24.607
5	Allgemeine Finanzverwaltung	10.866	4.193
6	Bundesministerium für Bildung und Forschung	9.351	8.519
7	Bundesministerium für Familie, Senioren, Frauen und Jugend	6.210	7.400
8	Bundesministerium für Wirtschaft und Technologie	6.192	6.036
9	Bundesministerium für Ernährung, Landwirtschaft und Verbraucherschutz	5.280	5.172
10	Bundesministerium für wirtschaftliche Zusammenarbeit	5.135	4.494
11	Sonstiges	19.348	18.753
	Ausgaben gesamt	283.200	272.270

61. Wie hoch sind Gesamtausgaben der Bundesrepublik Deutschland im Jahr 2008?

A. 124,2 Mrd. €
B. 283,2 Mio. €
C. 283,2 Mrd. €
D. 272,2 Mrd. €
E. Keine Antwort ist richtig.

Antwort: **C**

Die Gesamtausgaben der Bundesrepublik Deutschland betragen 283,2 Mrd. € im Jahr 2008.

283.200 Mio. € = 283,2 Mrd. €

62. Um welchen Betrag sind die Gesamtausgaben der Bundesrepublik Deutschland von 2007 auf 2008 gesunken?

A. 10.930 Mrd. €
B. 10.930 Mio. €
C. 11.937 Mrd. €
D. 11.937 Mio. €
E. Keine Antwort ist richtig.

Antwort: **E**

Die Gesamtausgaben der Bundesrepublik Deutschland sind von 2007 auf 2008 nicht gesunken, sondern um 10.930 Mio. € gestiegen.

283.200 Mio. € - 272.270 Mio. € = 10.930 Mio. €

63. Welche Ausgaben stellen im Bundeshaushalt den zweitgrößten Posten in 2008 dar?

A. Ausgaben für Arbeit und Soziales.
B. Ausgaben für die Verteidigung.
C. Ausgaben für Zinsen und Tilgung.
D. Ausgaben für die Finanzverwaltung.
E. Keine Antwort ist richtig.

Antwort: **C**

Die zweitgrößten Aufwendungen im Jahr 2008 hat die Bundesrepublik Deutschland mit einem Budget von 42.937 Mio. € für die Zinsen und Tilgung von Schulden.

64. Um wie viel Prozent sind die Ausgaben insgesamt von 2007 auf 2008 gestiegen?

A. 2,00 %
B. 3,51 %
C. 4,01 %
D. 5,75 %
E. Keine Antwort ist richtig.

Antwort: **C**

Die Ausgaben sind insgesamt von 2007 auf 2008 um 4,01 Prozent gestiegen.

283.200 Mio. € - 272.270 Mio. € = 10.930 Mio. €

$$\text{Prozentsatz} = \frac{\text{Prozentwert} \times 100}{\text{Grundwert}}$$

$$\text{Prozentsatz} = \frac{10.930 \text{ Mio.€} \times 100}{272.270 \text{ Mio.€}} = 4,01\%$$

65. Wie hoch sind die Staatsschulden 2008, wenn der Tilgungszinssatz bei 3 % liegt.

A. 1.230 Mrd. €
B. 1.431 Mrd. €
C. 1.608 Mrd. €
D. 3.432 Mrd. €
E. Keine Antwort ist richtig.

Antwort: **B**

Bei einem Prozentsatz von 3 % betragen die Staatsschulden 1.431 Mrd. €.

$$\text{Grundwert} = \frac{\text{Prozentwert} \times 100}{\text{Prozentsatz}}$$

$$\text{Grundwert} = \frac{42.937 \text{ Mio.€} \times 100}{3} = 1.431.233 \text{ Mio. €} = 1.431 \text{ Mrd. €}$$

Logisches Denken: 66 – 75

Zahlenreihen

66.

| 40 | 20 | 80 | 40 | 160 | ? |

A. 80
B. 240
C. 420
D. 120
E. Keine Antwort ist richtig.

Antwort: **A**

÷2 | ×4 | ÷2 | ×4 | ÷2

67.

| 6 | 18 | 19 | 57 | 58 | ? |

A. 59
B. 174
C. 196
D. 278
E. Keine Antwort ist richtig.

Antwort: **B**

×3 | +1 | ×3 | +1 | ×3

Prüfung 5

68.

| 4 | 7 | 12 | 19 | ? |

- A. 26
- B. 27
- C. 28
- D. 32
- E. Keine Antwort ist richtig.

Antwort: **C**

+3 | +5 | +7 | +9

69.

| 4 | 8 | 24 | 96 | ? |

- A. 28
- B. 240
- C. 30
- D. 480
- E. Keine Antwort ist richtig.

Antwort: **D**

×2 | ×3 | ×4 | ×5

70.

| 10 | 16 | 21 | 25 | 28 | ? |

- A. 29
- B. 31
- C. 36
- D. 30
- E. Keine Antwort ist richtig.

Antwort: **D**

+6 | +5 | +4 | +3 | +2

71.

| 3 | 4 | 6 | 10 | 18 | ? |

- A. 26
- B. 34
- C. 22
- D. 20
- E. Keine Antwort ist richtig.

Antwort: **B**

×2 -2 | ×2 -2 | ×2 -2 | ×2 -2 | ×2 -2

72.

| 80 | 8 | 70 | 16 | 60 | 24 | ? |

- A. -12
- B. 60
- C. 50
- D. 40
- E. Keine Antwort ist richtig.

Antwort: **C**

x | y | x-10 | y×2 | x-20 | y×3 | x-30

73.

| 40 | 5 | 42 | 6 | 44 | 7 | ? |

- A. -30
- B. 28
- C. 8
- D. 46
- E. Keine Antwort ist richtig.

Antwort: **D**

40 | 5 | 40+2 | 5+1 | 42+2 | 6+1 | 44+2

74.

| 4 | 8 | 14 | 18 | 24 | ? |

- **A.** 30
- **B.** 26
- **C.** 28
- **D.** 32
- **E.** Keine Antwort ist richtig.

Antwort: **C**

+4 | +6 | +4 | +6 | +4

75.

| -8 | -10 | -14 | -16 | -20 | ? |

- **A.** -24
- **B.** -22
- **C.** -20
- **D.** -26
- **E.** Keine Antwort ist richtig.

Antwort: **B**

- 2 | -4 | -2 | -4 | -2

Sprachverständnis: 76 – 80

Fremdwörter

Ordnen Sie den Fremdwörtern die richtige Bedeutung zu, indem Sie den Aufgaben im Lösungsbogen die korrekten Buchstaben zuordnen.

Fremdwort		Bedeutung
76. fokussieren	A.	flink
77. Empathie	B.	unbesetzt
78. vakant	C.	scharfsinnig
79. subtil	D.	Einfühlungsvermögen
80. agil	E.	scharf stellen

Lösung

Fremdwort		Bedeutung
76. fokussieren	E.	scharf stellen
77. Empathie	D.	Einfühlungsvermögen
78. vakant	B.	unbesetzt
79. subtil	C.	scharfsinnig
80. agil	A.	flink

Sprachverständnis: 81 – 85

Sinnverwandte Begriffe

Ordnen Sie den Begriffen das sinnverwandte Wort zu, indem Sie den Aufgaben im Lösungsbogen die korrekten Buchstaben zuordnen.

Begriffe		Sinnverwandte Begriffe
81. sauber	A.	aufgeräumt
82. sofort	B.	immun
83. misstrauisch	C.	spröde
84. zerbrechlich	D.	skeptisch
85. geschützt	E.	unverzüglich

Lösung

Begriffe		Sinnverwandte Begriffe
81. sauber	A.	aufgeräumt
82. sofort	E.	unverzüglich
83. misstrauisch	D.	skeptisch
84. zerbrechlich	C.	spröde
85. geschützt	B.	immun

Logisches Denkvermögen: 86 – 90

Sprachanalogien

86.

Motor : Auto   wie   Triebwerk : ?

A. Motorrad
B. Flugzeug
C. Motorboot
D. Schiff
E. Rennwagen

Antwort: **B**

87.

Getreide : Roggen   wie   Gemüse : ?

A. Apfel
B. Blumenkohl
C. Dattel
D. Gerste
E. Traube

Antwort: **B**

88.

Kilometer : Länge   wie   Kilowatt : ?

A. Widerstand
B. Leistung
C. Geschwindigkeit
D. Volt
E. Ampere

Antwort: **B**

89.

Mehl : Teig wie **Traube : ?**

A. Bier
B. Limonade
C. Whisky
D. Wein
E. Rebstock

Antwort: **D**

90.

Neffe : Tante wie **Enkel : ?**

A. Mutter
B. Großmutter
C. Onkel
D. Neffe
E. Opa

Antwort: **B**

Sprachverständnis: 91 – 100

Rechtschreibung

91.

- A. Kleinwieh macht auch Mist.
- B. Kleinvieh macht auch Mist.
- C. Kleinfieh macht auch Mist.
- D. Kleinvieh macht auch Misst.
- E. Keine Antwort ist richtig.

Antwort: **B**

92.

- A. Komissionsgesellschaft
- B. Kommisionsgeselschaft
- C. Komisionsgesellschaft
- D. Kommissionsgesellschaft
- E. Keine Antwort ist richtig.

Antwort: **D**

93.

- A. Konjukturanstieg
- B. Konjunkturanstieg
- C. Konjunkturanstig
- D. Konyunkturanstieg
- E. Keine Antwort ist richtig.

Antwort: **B**

94.

- A. Fotossynthese
- B. Photosyntese
- C. Fotosynthese
- D. Photosintese
- E. Keine Antwort ist richtig.

Antwort: **C**

95.

A. Metalerzeugungsprozes
B. Metallerzeugungsprozes
C. Metalerzeugungsprozess
D. Metallerzeugungsprozess
E. Keine Antwort ist richtig.

Antwort: **D**

96.

A. Amateurfotograf
B. Amatörfotograf
C. Amateurfotograff
D. Amateurfotograph
E. Keine Antwort ist richtig.

Antwort: **A**

97.

A. Reinland-Falz
B. Rheinland-Falz
C. Rheinland-Pfalz
D. Reinland-Pfalz
E. Keine Antwort ist richtig.

Antwort: **C**

98.

A. Baden-Würtemberg
B. Baden-Württemberg
C. Baden-Württenberg
D. Baden-Würtenberg
E. Keine Antwort ist richtig.

Antwort: **B**

99.

- A. Peimliches Managment
- B. Peinliches Managment
- C. Peimliches Management
- D. Peinliches Management
- E. Keine Antwort ist richtig.

Antwort: **D**

100.

- A. Scharmante Lady
- B. Charmante Lady
- C. Charmante Ledy
- D. Scharmante Ladie
- E. Keine Antwort ist richtig.

Antwort: **B**

Sprachverständnis: 101 – 105

Englisch

101. Yesterday he read _____ .

A. a first ten pages
B. the first ten pages
C. ten pages the first
D. the ten pages first
E. first ten the pages

Antwort: **B**

Die Übersetzung dieses Satzes lautet: *„Gestern las er **die ersten zehn Seiten**."* Die Antworten (C) und (E) können wir als falsch ausschließen, da hier die Satzstruktur grammatikalisch falsch ist und die Wortanordnung nicht stimmt (*„ten pages the first"* – zehn Seiten die ersten **bzw.** *„first ten the pages"* – erst zehn die Seiten). Antwort (D) ist ebenso wenig korrekt, da nach dem Eingesetzten noch ein Zusatz folgen müsste: *„Yesterday he read the ten pages first, afterwards he went shopping"* – *„Gestern las er die zehn Seiten zuerst, danach ging er einkaufen"*. Es ist jedoch Aufgabe, den Satz zu vervollständigen, nicht einen neuen Nachsatz hinzuzufügen. Antwort (A) ist als falsch zu bezeichnen, da mit dem unbestimmten Artikel **„a"** angezeigt wird, dass unbestimmte zehn Seiten gelesen werden; es könnten zum Beispiel die ersten zehn Seiten sein, die er in seinem Leben las. Gemeint sind jedoch die ersten zehn Seiten eines bestimmten Buches, Aufsatzes, Artikels etc. Daher ist nur Antwort (B) **the first ten pages** als richtige Antwort zu klassifizieren.

---

102. They have a _____ daughter.

A. three years old
B. three-years-old
C. three year olds
D. three year old
E. three-years-olds

Antwort: **A**

Die Übersetzung lautet: *„Sie haben eine **dreijährige (drei Jahre alte)** Tochter."* Uns interessiert die Altersangabe *„dreijährig / drei Jahre alt"*. Antwort (B) kann als falsch ausgewiesen werden, da es sich hier um eine falsche Konstruktion handelt, die Bindestriche sind überflüssig. Das gleiche gilt für die Antwort (E); hier kommt hinzu, dass das Wort **„olds"** nicht existiert. Auch die Antwort (C) kann aufgrund des nicht existenten **„olds"** ausgeschlossen werden. Antwort (D) ist schließlich falsch, da die Singularform des Substantivs (*Jahr* - **„year"**) statt der Pluralform (*Jahre* - **„years"**) verwendet wird. Somit ist nur die Antwort (A) korrekt, nur diese Variante kann die grammatikalisch korrekte Konstruktion *„dreijährig / drei Jahre alt"* (**„three years old"**) ergeben.

103. I want to leave_____ a short message.

A. her
B. she
C. hers
D. he
E. shes

Antwort: **A**

Die Übersetzung dieses Satzes lautet: *„Ich möchte **ihr** eine kurze Nachricht hinterlassen."* Der gesuchte Lückenfüller ist also die englische Übersetzung des Wortes **ihr**. Wir können also zuerst die Antwort (D) ausschließen, hierbei handelt es sich um das männliche Pronomen *Er (he)*. Die Antwort (E) kann ausgeschlossen werden, da das Personalpronomen **she** nicht mit einem **s** verlängert werden kann; diese Form des Wortes gibt es so nicht. Die Antwort (B) ist nicht anwendbar, da das Wort **she** nicht als **ihr**, sondern als **sie** übersetzt wird; und mit diesem Lückenfüller wäre der Satz grammatikalisch nicht korrekt. Schlussendlich können wir die Antwort (C) ausschließen, da auch hier eine nicht adäquate Lösung herauskommen würde: **hers** ist zu übersetzen als **ihres/ihrs**. Diese Variante könnte nur in Beispielen wie dem folgenden verwendet werden: *„Whos book is tattered? It is hers!"* Wessen Buch ist zerfleddert? Es ist ihres/ihrs!" Aus den angeführten Gründen kann nur die Antwort (A) als grammatikalisch korrekt ausgezeichnet werden.

104. She saw her boyfriend _____ with another girl.

A. dances
B. dancing
C. danced
D. were dance
E. keine Antwort ist richtig

Antwort: **B**

Ins Deutsche übersetzt lautet dieser Satz: *„Sie sah ihren Freund mit einem anderen Mädchen tanzend."* Antwort (E) kann ausgeschlossen werden, da es ja eine richtige Lösung gibt, die wir in der Antwort (B) finden. Die Form **dancing**, also die ing-Form des Verbs

to dance, ist hier die richtige Lösung. Antwort (C) können wir ausschließen, da es sich um eine Vergangenheitsform des Verbs **to dance** handelt (*danced*); (D) hingegen ist falsch, da die Wörter **were** und **dance** auf diese Art und Weise nicht zusammengesetzt werden können. Mit Antwort (A) wird das Verb in der 3. Person Singular benutzt, „**he dances**" würde übersetzt werden als „**er tanzt**". Die hier gesuchte Lösung ist jedoch das Verb **tanzend** (*dancing*), daher kann nur die Antwort (B) als korrekt ausgewiesen werden.

105. January is the _____ month of the year.

A. shortest
B. short
C. first
D. second
E. hottest

Antwort: **C**

Die Übersetzung des Satzes lautet: „*Der Januar ist der **erste** Monat des Jahres.*" Antwort (A) können wir ausschließen, da somit eine faktisch falsche Antwort das Resultat wäre. Grammatikalisch könnte **„shortest"** (der kürzeste) eingesetzt werden, dadurch würde sich kein Fehler ergeben. Jedoch ist der Februar der kürzeste („**shortest**") Monat des Jahres, daher können wir diese Antwort ausschließen. Die Antwort (B) kann ebenfalls als falsch gekennzeichnet werden, denn mit dem Einsetzen des Adjektivs **„short"** würde es sich um eine grammatikalisch falsche Satzkonstruktion handeln. Die Antworten (D) und (E) können ebenfalls ausgeschlossen werden, denn der Januar ist weder der zweite („**second**") Monat des Jahres – das ist der Februar – noch der heißeste („**hottest**") Monat des Jahres – das sind Juni, Juli und August. Daher ist nur die Antwort (C) korrekt, denn der Januar ist der erste („**first**") Monat des Jahres.

Visuelles Denkvermögen: 96 – 100

Gemischte Aufgaben

106. Die Dominosteine sind nach einer bestimmten Logik angeordnet.

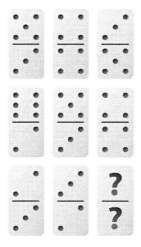

Welcher der Dominosteine von A bis E ergänzt den Dominostein mit den zwei Fragezeichen sinnvoll?

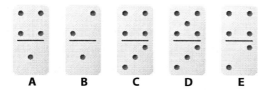

Antwort: **A**

Die untere Zahl muss 1 lauten, die obere Zahl 4.

Oben: 2   3   4

Unten: 3   2   1

Prüfung 5 303

107. Sie sehen ein Quadrat mit acht Mustern. Das neunte Muster soll sinnvoll nach einer bestimmten Regel ergänzt werden.

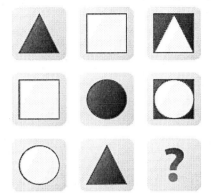

Durch welches der fünf Muster wird das Fragezeichen oben logisch ersetzt?

Antwort: **A**

Das Fragezeichen wird durch das Muster A logisch ersetzt.

Gehen Sie von links nach rechts vor.

In der oberen Reihe ergeben die beiden ersten Formen zusammen die rechte Form, wobei in der dritten Form die Farben vertauscht sind.

In der mittleren Reihe ergeben die beiden Formen zusammen die rechte Form, wobei in der dritten Form die Farben vertauscht sind.

In der unteren Reihe ergeben die beiden Formen zusammen die rechte Form, wobei in der dritten Form die Farben vertauscht sind.

108. Aus wie vielen Flächen setzt sich diese Figur zusammen?

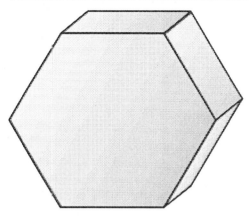

- A. 6
- B. 7
- C. 8
- D. 9
- E. Keine Antwort ist richtig.

Antwort: **C**

Die Figur besteht aus 8 Flächen.

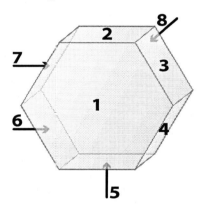

109. Sie sehen ein Quadrat mit neun Zahlen. Zwei Zahlen in einer Reihe ergeben durch eine Rechenoperation von oben nach unten und von links nach rechts jeweils die dritte Zahl. Prüfen Sie bitte die Ergebnisse und kreuzen Sie das falsche Ergebnis durch den entsprechenden Buchstaben im Lösungsbogen an.

64	32	16
16	8	4
5	2	1

Welche Zahl in dem Rechteck ist falsch?

A. 16
B. 4
C. 1
D. 2
E. 5

Antwort: **E**

16 ÷ 4 = 4 (von oben nach unten)

Es wird von links nach rechts durch 2 dividiert und oben nach unten durch 4 dividiert.

64 ÷2	32 ÷2	16
÷4	÷4	÷4
16 ÷2	8 ÷2	4
÷4	÷4	÷4
[4] ÷2	2 ÷2	1

110. Es geht darum, die richtigen Zahlen für die Symbole zu finden. Dabei entsprechen einzelne Symbole einer Zahl von 0 bis 9 und zusammenstehende Symbole einer Zahl von 10 bis 99.

Ihre Aufgabe besteht darin, aus den vier vorgegebenen Zahlen die Zahl zu finden, die für ein bestimmtes Symbol eingesetzt werden kann, damit die Aufgabe richtig gelöst werden kann.

Welche Zahl muss für das Dreieck eingesetzt werden?

A. 1
B. 2
C. 3
D. 4
E. Keine Antwort ist richtig.

Antwort: **A**

Für das Dreieck ist die Zahl 1 einzusetzen.

Dreieck = 1

Kreis = 2

11 × 11 = 121

   =

Lösungsbogen zur Prüfung 5

Mustermann	Max	30. Mai 2009
Name	**Vorname**	**Datum**

Mittlere Reife	01234-123456	17
Voraussichtlicher Schulabschluss	**Telefonnummer**	**Alter**

Industriekaufmann
Bewerbung zum ...

Kreuzen Sie bitte bei der jeweiligen Aufgabe nur einen Buchstaben an. Wenn Sie einen Buchstaben falsch angekreuzt haben sollten, dann machen Sie bitte einen Kreis um das falsche Kreuz und setzen Sie das neue Kreuz bei dem gewünschten Buchstaben ein.

	A B C D E		A B C D E		A B C D E		A B C D E
1.	C	31.	C	61.	C	91.	B
2.	D	32.	B	62.	E	92.	D
3.	D	33.	A	63.	C	93.	B
4.	A	34.	B	64.	D	94.	C
5.	B	35.	B	65.	A	95.	E
6.	E	36.	E	66.	A	96.	A
7.	B	37.	C	67.	B	97.	C
8.	C	38.	B	68.	C	98.	C
9.	C	39.	A	69.	D	99.	D
10.	B	40.	C	70.	E	100.	E
11.	C	41.	B	71.	B	101.	C
12.	C	42.	D	72.	C	102.	A
13.	C	43.	D	73.	C	103.	A
14.	B	44.	B	74.	D	104.	C
15.	B	45.	B	75.	C	105.	E
16.	C	46.	A	76.	E	106.	A
17.	D	47.	D	77.	C	107.	C
18.	A	48.	A	78.	C	108.	D
19.	C	49.	B	79.	C	109.	E
20.	D	50.	D	80.	A	110.	A
21.	B	51.	C	81.	A		
22.	E	52.	C	82.	D		
23.	B	53.	C	83.	B		
24.	B	54.	A	84.	D		
25.	B	55.	C	85.	C		
26.	C	56.	B	86.	B		
27.	A	57.	B	87.	B		
28.	A	58.	C	88.	C		
29.	D	59.	C	89.	D		
30.	B	60.	E	90.	B		

Anhang

Lösungen
Abkürzungsverzeichnis

Lösungen

Aufgabe	Antwort P1	Antwort P2	Antwort P3	Antwort P4	Antwort P5
1.	B	C	C	C	C
2.	D	A	B	D	D
3.	C	D	D	D	D
4.	C	C	D	D	A
5.	A	A	B	A	D
6.	D	C	C	C	D
7.	C	C	C	C	D
8.	B	D	B	B	D
9.	A	C	C	B	D
10.	D	A	B	B	B
11.	C	C	B	C	C
12.	D	D	D	A	C
13.	D	C	C	B	D
14.	D	B	C	C	B
15.	D	C	B	A	B
16.	D	C	D	B	C
17.	D	B	D	D	D
18.	C	B	D	D	A
19.	D	C	D	B	C
20.	B	B	C	A	C
21.	C	C	D	C	B
22.	A	C	B	B	E
23.	D	B	B	D	B
24.	B	C	C	C	C
25.	C	B	E	A	C
26.	B	C	C	D	C
27.	D	B	A	C	A
28.	C	B	D	D	C
29.	C	C	B	B	D
30.	D	D	C	B	B
31.	D	D	D	D	C
32.	D	D	B	D	B
33.	D	C	C	D	A
34.	C	B	B	E	B
35.	C	D	B	B	B
36.	D	B	B	A	D
37.	D	B	A	B	C
38.	C	A	C	C	B
39.	A	D	C	C	A
40.	D	D	B	A	C
41.	D	B	C	A	B
42.	B	C	D	B	D
43.	C	D	D	C	D
44.	B	C	C	B	C
45.	A	B	C	B	B
46.	A	B	C	D	A
47.	D	C	B	A	A
48.	B	C	D	D	A
49.	C	D	C	B	C
50.	B	D	C	C	C
51.	A	D	C	C	C
52.	B	C	D	C	C
53.	C	B	C	B	B
54.	C	A	A	D	A
55.	D	A	D	B	C

Aufgabe	Antwort P1	Antwort P2	Antwort P3	Antwort P4	Antwort P5
56.	B	A	C	B	B
57.	B	D	B	C	C
58.	C	C	C	D	C
59.	D	D	C	B	C
60.	A	C	C	C	D
61.	B	C	B	C	C
62.	B	D	C	C	E
63.	C	A	D	C	C
64.	B	B	D	B	C
65.	D	B	C	D	B
66.	C	A	C	C	A
67.	C	D	B	A	B
68.	C	A	D	B	C
69.	C	B	A	D	D
70.	B	C	A	C	D
71.	C	A	C	B	B
72.	E	D	A	C	C
73.	D	A	C	D	D
74.	B	D	C	D	C
75.	A	C	C	D	B
76.	B	E	A	E	E
77.	E	D	D	A	D
78.	A	C	C	D	B
79.	D	B	E	C	C
80.	C	A	B	B	A
81.	E	B	C	D	A
82.	A	D	E	E	E
83.	E	E	D	C	D
84.	B	C	B	B	C
85.	D	A	A	A	B
86.	D	A	E	C	B
87.	E	E	D	C	B
88.	C	D	E	C	B
89.	E	E	A	A	D
90.	D	C	C	D	B
91.	D	D	D	D	B
92.	D	A	B	C	D
93.	C	D	C	A	B
94.	B	A	A	C	C
95.	A	D	D	B	D
96.	D	A	A	B	A
97.	A	B	D	A	C
98.	D	A	A	D	B
99.	D	D	D	A	D
100.	A	A	A	C	B
101.	D	D	C	C	B
102.	B	C	D	D	A
103.	C	A	A	A	A
104.	D	A	B	B	B
105.	A	C	C	D	C
106.	E	D	C	B	A
107.	C	B	B	A	A
108.	C	C	D	D	C
109.	B	C	C	D	E
110.	B	D	A	A	A

Abkürzungsverzeichnis

Einheit	Abkürzung	Umrechnung
Länge		
Kilometer	km	1 km = 1.000 m
Meter	m	1 m = 10 dm = 100 cm
Dezimeter	dm	1 dm = 10 cm = 100 mm
Zentimeter	cm	1 cm = 10 mm
Millimeter	mm	1 mm = 1.000 µm
Mikrometer	µm	
Volumen		
Kubikkilometer	km^3	1 km^3 = 1.000.000.000 m^3
Kubikmeter	m^3	1 m^3 = 1.000 dm^3
Kubikdezimeter	dm^3	1 dm^3 = 1.000 cm^3
Kubikzentimeter	cm^3	1 cm^3 = 1.000 mm^3
Kubikmillimeter	mm^3	
Hektoliter	hl	1 hl = 100 l
Liter	l	1 l = 10 dl
Deziliter	dl	1 dl = 10 cl
Zentiliter	cl	1 cl = 10 ml
Milliliter	ml	1 ml = 1.000 µm
Mikroliter	µl	
Fläche		
Quadratkilometer	km^2	1 km^2 = 100 ha
Hektar	ha	1 ha = 10.000 m^2
Quadratmeter	m^2	1 m^2 = 100 dm^2
Quadratdezimeter	dm^2	1 dm^2 = 100 cm^2

Quadratzentimeter	cm²	1 cm² = 100 mm²
Quadratmillimeter	mm²	
Masse, Gewicht		
Tonne	t	1 t = 20 z = 1.000 kg
Zentner	z	1 z = 50 kg
Kilogramm	kg	1 kg = 1.000 g
Pfund	pf	1 pf = 500 g
Gramm	g	1 g = 1.000 mg
Milligramm	mg	1 mg = 1.000.000 µg
Mikrogramm	µg	
Geschwindigkeit		
Kilometer pro Stunde	km/h	1 km/h = 0,2778 m/s
Meter pro Sekunde	m/s	
Zeit		
Jahr	a	1 a = 365 d
Woche	w	1 w = 7 d
Tag	d	1 d = 24 h
Stunde	h	1 h = 60 min
Minute	min	1 min = 60 s
Sekunde	s	1 s = 1.000 ms
Millisekunden	ms	
Druck		
Bar	bar	
Temperatur		
Grad Celsius	°C	

Ausbildungspark Verlag

Lübecker Straße 4 • 63073 Offenbach
Tel. 069-40 56 49 73 • Fax 069-43 05 86 02
Netzseite: www.ausbildungspark.com
E-Post: kontakt@ausbildungspark.com

Copyright © 2009 Ausbildungspark Verlag – Gültekin & Mery GbR.
Alle Rechte liegen beim Verlag.

Das Werk, einschließlich aller seiner Teile, ist urheberrechtlich geschützt. Jede Verwertung außerhalb der engen Grenzen des Urheberrechtsgesetzes ist ohne Zustimmung des Verlages unzulässig und strafbar. Das gilt insbesondere für Vervielfältigungen, Übersetzungen, Mikroverfilmungen und die Einspeicherung und Verarbeitung in elektronischen Systemen.